微积分习题集

■ 主　编　徐　辉
■ 副主编　吴　茜　吴　磊　梁龙龙

中国教育出版传媒集团
高等教育出版社·北京

内容提要

本习题集按照高等学校经济和管理类本科数学基础课程教学基本要求编写.全书分为10章,内容包括函数、极限与连续、导数与微分、中值定理与导数应用、不定积分、定积分、多元函数微积分、二重积分、无穷级数、微分方程。每章习题按相应节次编写,知识点覆盖每节的主要内容。

本习题集适用于高等学校经济和管理类各专业本专科学生,可作为课程教学的同步作业,以帮助学生加深对基础知识的理解,巩固基本解题方法。

图书在版编目(CIP)数据

微积分习题集/徐辉主编;吴茜,吴磊,梁龙龙副主编. --北京:高等教育出版社,2025.9. --ISBN 978-7-04-065392-2

Ⅰ. O172-44

中国国家版本馆CIP数据核字第2025NQ3066号

Weijifen Xitiji

策划编辑 吴 迪　责任编辑 张彦云　封面设计 赵 阳　版式设计 曹鑫怡
责任校对 张 薇　责任印制 刁 毅

出版发行 高等教育出版社
社 址 北京市西城区德外大街4号
邮政编码 100120
印 刷 中农印务有限公司
开 本 787mm×1092mm 1/16
印 张 7
字 数 160千字
购书热线 010-58581118
咨询电话 400-810-0598
网 址 http://www.hep.edu.cn
http://www.hep.com.cn
网上订购 http://www.hepmall.com.cn
http://www.hepmall.com
http://www.hepmall.cn
版 次 2025年9月第1版
印 次 2025年9月第1次印刷
定 价 20.20元

物 料 号 65392-00

前 言

微积分是高等学校重要的公共基础课,它不但为后续的数学课程和其他专业课提供基础和理论依据,也是研究生入学考试的必考科目。微积分课程内容多而且抽象,给数学基础薄弱学生的学习带来了很多困难,为了更有效地帮助广大学生学好这门课程,在总结多年教学经验的基础上,参照"经济和管理类本科数学基础课程教学基本要求",我们组织编写了《微积分习题集》一书。

本习题集根据教育部关于经管类微积分课程的教学要求编写而成,共 10 章,每章按教学节次编写,可作为学生学习微积分的同步作业。

本习题集内容丰富,精心选题,突出对教学内容的提炼、要点的剖析,主要特点:一、题型丰富,设计填空题、选择题、判断题、计算题、应用题等多种题型覆盖每节内容,提高学生对知识点的掌握与理解;二、每节题目由浅入深,从概念的理解到基本运算的掌握,再到知识的灵活应用,全面提升学生对每节内容的掌握;三、重视基本概念的理解和基本方法的掌握,增加基本题的题量,知识点覆盖较为全面,题型精炼且具有代表性,更适合作为初学微积分学生的配套习题。

本习题集适合高等学校经济和管理类各专业的本、专科生选用。本习题集经过多年实践,不断修改、提炼,对微积分学习具有较好的借鉴意义,欢迎广大师生使用,对于书中存在的不妥之处,敬请读者批评指正。

编者

2025 年 5 月

目　录

第一章　函　　数

一、选择题.

1. 下列各组函数相同的是(　　　　).

A. $f(x)=x, g(x)=(\sqrt{x})^2$　　B. $f(x)=\sqrt{x^2}, g(x)=|x|$

C. $f(x)=x+1, g(x)=\dfrac{x^2-1}{x-1}$　　D. $f(x)=\lg x^2, g(x)=2\lg x$

2. 函数 $y=\dfrac{1}{x^2-3x+2}$的定义域是(　　　　).

A. $(-\infty,1)\cup(1,2)\cup(2,+\infty)$　　B. $(-\infty,1)\cup(1,+\infty)$

C. $(-\infty,1)\cup(2,+\infty)$　　D. $(-\infty,+\infty)$

3. 函数 $f(x)=\begin{cases}x, & x>0,\\ -x, & x<0,\end{cases}$ 那么 $f(f(-2))$等于(　　　　).

A. -2　　B. 2　　C. 1　　D. 无定义

4. 下列函数在其定义域内是有界函数的是(　　　　).

A. $y=\dfrac{1}{x}$　　B. $2\cos x$　　C. $\ln(x+1)$　　D. x^2

5. 下列各对函数能构成复合函数的是(　　　　).

A. $y=\lg u, u=1-x^3, x\in(-\infty,1)$　　B. $y=\sqrt{u}, u=\cos x, x\in\left(\dfrac{\pi}{2},\dfrac{3\pi}{2}\right)$

C. $y=\sqrt{1+u}, u=4-x, x>5$　　D. $y=\arccos u, u=\sqrt{2+x^2}, x\in(-\infty,+\infty)$.

6. 设函数 $f(x)=\dfrac{1-x}{1+x}$与 $g(x)$的图像关于直线 $y=x$ 对称,则 $g(x)=$(　　　　).

A. $\dfrac{1-x}{1+x}$　　B. $\dfrac{1+x}{1-x}$　　C. $\dfrac{x+1}{x-1}$　　D. $\dfrac{x-1}{x+1}$

7. 已知 $f(x)=a^x(a>0, a\neq 1)$, 则 $f(x+y)=$(　　　　).

A. $f(x)+f(y)$　　B. $f(x-y)$　　C. $f(x)f(y)$　　D. $\dfrac{f(x)}{f(y)}$

二、设 $f(x)=\begin{cases}1, & |x|\leqslant 1,\\ 0, & |x|>1,\end{cases}$ 求 $f(f(f(x)))$.

三、写出下列函数的定义域与值域,并画出函数图像.

1. $y=\arcsin x$;

2. $y=\arccos x$;

3. $y=\arctan x$;

4. $y=\operatorname{arccot} x$.

四、求下列函数的自然定义域.

1. $y=\sqrt{x-2}+\dfrac{1}{\ln(3-x)}$;

2. $y=\arcsin\dfrac{x^2+1}{5}$.

五、将下列复合函数分解为简单函数.

1. $y=\sin^2\sqrt{x}$；

2. $y=5^{\arcsin^2 x}$；

3. $y=\ln\tan\dfrac{x}{x^2+2}$；

4. $y=\sqrt{\ln\sqrt{x}}$.

第二章　极限与连续

2.1—2.2　数列的极限　函数的极限　极限的性质

一、选择题.

1. 当 $n\to\infty$ 时,下列数列的极限正确的是(　　　).

A. $\frac{1}{2^n}\to\frac{1}{2}$　　B. $\frac{n-1}{n+1}\to 1$　　C. $n(-1)^n\to+\infty$　　D. $(-1)^n\to 1$

2. 函数 $f(x_0+0)$ 与 $f(x_0-0)$ 存在且相等是函数 $f(x)$ 在 $x=x_0$ 处有极限的(　　　).

A. 充分条件　　B. 必要条件　　C. 无关条件　　D. 充要条件

3. 函数 $f(x)=\begin{cases}x-2, & x>0,\\ x^3+1, & x\leqslant 0,\end{cases}$ 下列叙述错误的是(　　　).

A. $\lim\limits_{x\to 0^-}f(x)=1$　　B. $\lim\limits_{x\to 0}f(x)=1$

C. $\lim\limits_{x\to 0}f(x)$ 不存在　　D. $\lim\limits_{x\to 0^+}f(x)=-2$

4. 下列数列收敛的是(　　　).

A. $\{n^2\}$　　B. $\left\{(-1)^n\frac{1}{n}\right\}$　　C. $\left\{(-1)^n\left(2+\frac{1}{n^2}\right)\right\}$　　D. $\left\{(-1)^n\frac{n-1}{n}\right\}$

5. 下列叙述错误的是(　　　).

A. $\lim\limits_{x\to+\infty}\arctan x=\frac{\pi}{2}$　　B. $\lim\limits_{x\to-\infty}\arctan x=-\frac{\pi}{2}$

C. $\lim\limits_{x\to\infty}\arctan x$ 存在　　D. $\lim\limits_{x\to\infty}\arctan x$ 不存在

6. $\lim\limits_{x\to 1}f(x)=2$ 成立的充要条件是(　　　).

A. $f(1+0)$ 与 $f(1-0)$ 存在　　B. $f(1+0)=f(1-0)$

C. $f(1+0)=f(1-0)=2$　　D. $f(1)=2$

7. 设函数 $f(x)=\begin{cases}x-1, & -1<x\leqslant 0,\\ x, & 0<x\leqslant 1,\end{cases}$ 则 $\lim\limits_{x\to 0}f(x)=$(　　　).

A. -1　　B. 1　　C. 0　　D. 不存在

8. $\lim\limits_{x\to 0}\frac{x}{|x|}=$(　　　).

A. 1　　B. -1　　C. 0　　D. 不存在

二、判断题.

1. 若函数 $y=f(x)$ 在点 x_0 无定义,则 $y=f(x)$ 在点 x_0 处的极限不存在.　　(　　)

2. 数列 $1+1,1+\frac{1}{2},1+\frac{1}{3},\cdots,1+\frac{1}{n},\cdots$ 的极限为 1.　（　　）

3. 若 $f(x_0+0)=f(x_0-0)=0$,则 $\lim\limits_{x\to x_0} f(x)=0$.　（　　）

三、观察并写出下列极限.

1. $\lim\limits_{n\to\infty}\left(\frac{1}{10}\right)^n$;

2. $\lim\limits_{n\to\infty}\frac{5n}{2n+1}$.

四、观察并写出下列极限.

1. $\lim\limits_{x\to-\infty} e^x$;

2. $\lim\limits_{x\to\frac{\pi}{4}} \tan x$;

3. $\lim\limits_{x\to 1} \ln x$;

4. $\lim\limits_{x\to 2}(5x+2)$.

五、设函数 $f(x)=\begin{cases} x-1, & 0<x\leqslant 1, \\ 2-x, & 1<x\leqslant 3, \end{cases}$ 求 $\lim\limits_{x\to 1^-} f(x)$ 和 $\lim\limits_{x\to 1^+} f(x)$,问 $\lim\limits_{x\to 1} f(x)$ 是否存在？

六、设函数 $f(x)=\begin{cases}\ln x-1, & x\geqslant 1,\\ a-2x, & x<1,\end{cases}$ 要使 $\lim\limits_{x\to 1}f(x)$ 存在, a 应取何值?

七、讨论函数 $f(x)=\begin{cases}x^2+1, & x<1,\\ 1, & x=1,\\ x-1, & x>1\end{cases}$ 在 $x\to 1$ 时的极限.

2.3　无穷小与无穷大

一、选择题.

1. 下列函数在给定变化过程中是无穷小的是(　　　　).

A. $2^x-1(x\to 0)$　　　　B. $\dfrac{\sin x}{x}(x\to 0)$

C. $\dfrac{x^2}{2x+1}(x\to +\infty)$　　　　D. $\dfrac{\cos x}{x}(x\to 0)$

2. 下列函数在给定的变化过程中是无穷大的是(　　　　).

A. $\sin x(x\to\infty)$　　　　B. $\ln x(x\to 0^+)$

C. $\tan x(x\to\pi)$　　　　D. $e^x(x\to -\infty)$

3. 设$f(x)=3x,g(x)=x^2$,当$x\to 0$时,下列说法错误的是(　　　　).

A. $g(x)$是比$f(x)$高阶的无穷小　　　　B. $f(x)$是比$g(x)$低阶的无穷小

C. $f(x)$和x是同阶的无穷小　　　　D. $f(x)$和x是等价无穷小

4. 当$x\to 1$时,与$1-x$等价的无穷小是(　　　　).

A. x　　　　B. $\dfrac{1}{2}(1-x^2)$　　　　C. $1-\sqrt[3]{x}$　　　　D. $1-x^3$

5. $\lim\limits_{x\to 0} x\sin\dfrac{1}{x}=$(　　　　).

A. 1　　　　B. 不存在　　　　C. 0　　　　D. ∞

6. 当$x\to 0$时,$\sin 3x$与ax是等价无穷小,则$a=$(　　　　).

A. 3　　　　B. 2　　　　C. 1　　　　D. -1

二、判断题.

1. 0是无穷小.　　(　　)
2. 极限不存在的变量就是无穷大.　　(　　)
3. 有限个无穷小的乘积是无穷小.　　(　　)
4. 当$x\to -2$时,x^2+6x+9是与$x+3$等价的无穷小.　　(　　)
5. 若当$x\to x_0$时,$f(x)\to 0$,则当$x\to x_0$时,$\dfrac{1}{f(x)}\to\infty$.　　(　　)

三、利用等价无穷小替换计算下列各极限.

1. $\lim\limits_{x\to 0}\dfrac{\tan 3x}{2x}$;　　　　2. $\lim\limits_{x\to 0}\dfrac{\tan x-\sin x}{\sin^3 x}$;

3. $\lim\limits_{x\to 0}\dfrac{1-\cos x}{x\tan x}$;

4. $\lim\limits_{x\to 0}\dfrac{\arctan 2x}{3x}$;

5. $\lim\limits_{x\to 0}\dfrac{1-\cos x}{e^{x}-1}$;

6. $\lim\limits_{x\to 0}\dfrac{\ln(1+x)}{2x}$.

四、利用无穷小性质计算下列各极限.

1. $\lim\limits_{x\to 1}(x-1)\cos\dfrac{1}{x-1}$;

2. $\lim\limits_{x\to \infty}\dfrac{\arctan x}{x}$.

2.4　极限的运算法则与复合函数的极限

一、选择题.

1. $\lim\limits_{x\to 1}\left(\dfrac{1}{x-1}-\dfrac{2}{x^2-1}\right)=($　　　　$)$.

A. -1　　B. $\dfrac{1}{2}$　　C. 0　　D. ∞

2. $\lim\limits_{n\to\infty}\dfrac{2n^3-n+1}{3n^3+n^2-n}=($　　　　$)$.

A. -1　　B. ∞　　C. 0　　D. $\dfrac{2}{3}$

3. $\lim\limits_{n\to\infty}\left[\dfrac{1}{1\cdot 2}+\dfrac{1}{2\cdot 3}+\dfrac{1}{3\cdot 4}+\cdots+\dfrac{1}{(n-1)n}\right]=($　　　　$)$.

A. 1　　B. -1　　C. 0　　D. ∞

4. 数列$\{a_n\}$与$\{b_n\}$的极限分别为 M 与 N,则数列$\{a_n+b_n\}$的极限为(　　　　).

A. M　　B. N　　C. $M+N$　　D. 不存在

5. $\lim\limits_{n\to\infty}\dfrac{2^n-1}{3^n+1}=($　　　　$)$.

A. $\dfrac{2}{3}$　　B. $\dfrac{3}{2}$　　C. 0　　D. ∞

二、计算下列各极限.

1. $\lim\limits_{x\to 1}(x^2-4x+5)$;

2. $\lim\limits_{x\to 1}\dfrac{x^2-2x+1}{x^2-1}$;

3. $\lim\limits_{x\to\infty}\dfrac{4x^2-2x+1}{3x^3+2x}$;

4. $\lim\limits_{h\to 0}\dfrac{(x+h)^2-x^2}{h}$;

5. $\lim\limits_{x\to\infty}\dfrac{x^2-1}{2x^2-x-1}$;

6. $\lim\limits_{x\to\infty}\left(2-\dfrac{1}{x}+\dfrac{1}{x^2}\right)$;

7. $\lim\limits_{x\to\infty}\dfrac{x^2+x}{x^4-3x^2+1}$;

8. $\lim\limits_{x\to\frac{\pi}{4}}\dfrac{\sin x-\cos x}{\cos 2x}$.

三、计算下列各极限.

1. $\lim\limits_{x\to+\infty}\dfrac{\sqrt{x+1}-1}{x}$;

2. $\lim\limits_{x\to\infty}x(\sqrt{x^2+1}-x)$.

四、已知$\lim\limits_{x\to1}\dfrac{a\sqrt{x}+b}{x-1}=1$,求常数 a,b 的值.

2.5 极限存在性定理与两个重要极限

一、选择题.

1. 下列各式中正确的是(　　).

A. $\lim\limits_{x\to\pi}\dfrac{\sin x}{x}=1$　　B. $\lim\limits_{x\to 0}\dfrac{x}{\sin x}=0$

C. $\lim\limits_{x\to\infty}\dfrac{\sin x}{x}=1$　　D. $\lim\limits_{f(x)\to 0}\dfrac{\sin f(x)}{f(x)}=1$

2. $\lim\limits_{x\to 1}\dfrac{\sin(x^2-1)}{x-1}=$(　　).

A. 0　　B. 不存在　　C. 1　　D. 2

3. $\lim\limits_{x\to\infty}x\sin\dfrac{1}{x}=$(　　).

A. 1　　B. 不存在　　C. 0　　D. ∞

4. $\lim\limits_{n\to\infty}\left(1+\dfrac{1}{2n}\right)^{2n}=$(　　).

A. 1　　B. e　　C. e^2　　D. ∞

5. $\lim\limits_{x\to 0}(1-x)^{\frac{1}{x}}=$(　　).

A. e　　B. 1　　C. e^{-1}　　D. ∞

6. $\lim\limits_{x\to\infty}\left(1+\dfrac{1}{x}\right)^{kx}=e^2$,则 $k=$(　　).

A. e　　B. 1　　C. 2　　D. ∞

7. $\lim\limits_{x\to 0}(1+2x)^{\frac{1+x}{x}}=$(　　).

A. e　　B. 2　　C. e^2　　D. 1

8. 数列$\{x_n\}$有界是数列$\{x_n\}$收敛的(　　).

A. 充分条件　　B. 必要条件　　C. 无关条件　　D. 充要条件

二、计算下列各极限.

1. $\lim\limits_{x\to -1}\dfrac{\sin(x+1)}{2(x+1)}$;　　2. $\lim\limits_{x\to 0}\dfrac{\sin 2x}{\sin 3x}$;

3. $\lim\limits_{x\to\pi}\dfrac{\sin x}{\pi-x}$;

4. $\lim\limits_{n\to\infty}2^n\sin\dfrac{1}{2^n}$;

5. $\lim\limits_{x\to\infty}\left(\dfrac{\sin x}{x}+2x\sin\dfrac{1}{x}\right)$;

6. $\lim\limits_{x\to\infty}\left(\dfrac{x^2}{1+2x}\sin\dfrac{1}{x}\right)$.

三、计算下列各极限.

1. $\lim\limits_{x\to\infty}\left(1+\dfrac{2}{x}\right)^x$;

2. $\lim\limits_{x\to1}[1+(x-1)]^{\frac{2}{x-1}}$;

3. $\lim\limits_{x\to0}(1-x)^{\frac{2}{x}}$;

4. $\lim\limits_{x\to\infty}\left(\dfrac{x-1}{x+1}\right)^{2x}$.

2.6(1)　函数的连续性与间断点

一、选择题.

1. 函数 $f(x)=2x+5$,当自变量 x 有增量 Δx 时,函数的相应增量 $\Delta y=$(　　　).

A. $2\Delta x$　　　　B. $2\Delta x+5$

C. $1+2\Delta x$　　　　D. 2

2. 设函数 $f(x)=\begin{cases} x-1, & 0<x\leqslant 1, \\ 2-x, & 1<x\leqslant 3, \end{cases}$ 下列说法正确的是(　　　).

A. $f(x)$ 在 $x=1$ 处连续　　　　B. $\lim\limits_{x\to 3^-} f(x)=-1$

C. $\lim\limits_{x\to 2} f(x)=1$　　　　D. $\lim\limits_{x\to 1} f(x)=0$

3. 函数 $f(x)=\dfrac{1}{x^2+x-6}$ 的连续区间是(　　　).

A. $(-\infty,-3)\cup(-3,+\infty)$　　　　B. $(-\infty,2)\cup(2,+\infty)$

C. $(-\infty,+\infty)$　　　　D. $(-\infty,-3)\cup(-3,2)\cup(2,+\infty)$

4. 函数 $f(x)$ 在点 x_0 处极限存在是 $f(x)$ 在点 x_0 处连续的(　　　).

A. 充分条件　　　　B. 必要条件

C. 充要条件　　　　D. 无关条件

二、判断题.

1. 分段函数一定是不连续的函数.　(　　)

2. 函数 $f(x)$ 在点 x_0 处的极限存在,则 $f(x)$ 在该点一定连续.　(　　)

3. 函数 $f(x)$ 在点 x_0 处有定义,则 $f(x)$ 在该点一定连续.　(　　)

4. 若函数 $f(x)$ 在点 x_0 的某邻域有定义且当 $x\to x_0$ 时极限存在,则函数 $f(x)$ 在点 x_0 处连续.　(　　)

三、已知函数 $f(x)=\dfrac{2x+6}{x^2+x-6}$,求其间断点并指明间断点类型.

四、设函数 $f(x)=\begin{cases}\ln(x+\mathrm{e}), & x>0,\\ a+x, & x\leqslant 0,\end{cases}$ 应当怎样选择常数 a，才能使得 $f(x)$ 成为 $(-\infty,+\infty)$ 内的连续函数？

2.6(2)　连续函数的运算与初等函数的连续性

一、选择题.

1. $\lim\limits_{x\to 1}\sqrt{x^2+3x-4}=($　　　　$)$.

A. -4　　B. 0　　C. 1　　D. -1

2. $\lim\limits_{x\to 0}\ln(1+x)^{\frac{1}{x}}=($　　　　$)$.

A. ∞　　B. e　　C. 1　　D. 不存在

3. $\lim\limits_{x\to\infty}\mathrm{e}^{\frac{1}{x}}=($　　　　$)$.

A. ∞　　B. e　　C. 1　　D. 不存在

4. 设函数 $f(x)=\begin{cases}\mathrm{e}^x, & x<0,\\ x+k, & x\geqslant 0,\end{cases}$ 在 $(-\infty,+\infty)$ 内连续,则常数 $k=($　　　　$)$.

A. 0　　B. 不存在　　C. -1　　D. 1

二、判断题.

1. 函数 $f(x)=\begin{cases}2x, & 0\leqslant x<1,\\ 3-x, & 1\leqslant x\leqslant 2\end{cases}$ 在 $[0,2]$ 上是连续函数.　(　　)

2. 函数 $y=\ln\sin x$ 在 $(0,\pi)$ 上是连续函数.　(　　)

3. 若函数 $g(x)$ 在点 x_0 处连续,函数 $f(u)$ 在点 $u_0=g(x_0)$ 处连续,则函数 $f(g(x))$ 在点 x_0 处也连续.　(　　)

三、计算求下列极限.

1. $\lim\limits_{x\to 0}\ln\dfrac{\tan x}{x}$;

2. $\lim\limits_{x\to 0}2^{\frac{1-\cos x}{x^2}}$;

3. $\lim\limits_{x\to\infty}\left(1+\dfrac{1}{x}\right)^{\frac{x}{2}}$;

4. $\lim\limits_{x\to 0}\dfrac{\sqrt{x^2+1}-1}{\ln(1+x)\sin x}$.

四、求下列极限.

1. $\lim\limits_{x\to\infty}\dfrac{(2x+1)^{5}(x-1)^{5}}{(x+1)^{10}}$;

2. $\lim\limits_{x\to+\infty}x(3x-\sqrt{9x^{2}-6})$;

3. $\lim\limits_{x\to0}\dfrac{\sin x-\tan x}{\sin x^{3}}$;

4. $\lim\limits_{n\to\infty}3^{n}\sin\dfrac{x}{3^{n}}$.

2.7 闭区间上连续函数的性质

一、选择题.

1. 函数 $y=1+x^2$ 在区间$(-1,1)$上的最大值是(　　　　).

A. 0　　　　B. 1　　　　C. -1　　　　D. 不存在

2. 函数 $y=\frac{1}{x}$在区间$[1,2)$上的最小值是(　　　　).

A. $\frac{1}{2}$　　　　B. $\frac{1}{3}$　　　　C. 1　　　　D. 不存在

二、证明方程 $x^3-3x-1=0$ 在区间$(1,2)$内至少有一个实根.

第三章 导数与微分

3.1 导数的概念

一、选择题.

1. 当函数$f(x)$的自变量x由x_0改变到$x_0+\Delta x$时，$f(x)$的平均变化率为(　　　).

A. $\dfrac{f(x_0+\Delta x)}{\Delta x}$　　　B. $f'(x_0+\Delta x)$

C. $\dfrac{f(x_0+\Delta x)-f(x_0)}{\Delta x}$　　　D. $f'(x_0)$

2. 设函数$f(x)$在点x_0的某邻域内有定义，则函数在点x_0的变化率为(　　　).

A. $\dfrac{f(x_0+\Delta x)}{\Delta x}$　　　B. $f'(x_0+\Delta x)$

C. $\dfrac{f(x_0+\Delta x)-f(x_0)}{\Delta x}$　　　D. $f'(x_0)$

3. 已知$f(x)=x^2$，则下列导数值错误的是(　　　).

A. $f'(0)=0$　　B. $[f(1)]'=0$　　C. $[f(2)]'=4$　　D. $\left.\dfrac{\mathrm{d}}{\mathrm{d}x}f(x)\right|_{x=3}=6$

4. 设函数$f(x)$在$x=0$处可导，则$\lim\limits_{h\to 0}\dfrac{f(2h)-f(0)}{h}=$(　　　).

A. $f'(0)$　　B. $2f'(0)$　　C. $\dfrac{1}{2}f'(0)$　　D. $-2f'(0)$

5. 函数$f(x)$在$x=x_0$处连续是$f(x)$在$x=x_0$处可导的(　　　).

A. 必要但非充分条件　　　B. 充分但非必要条件

C. 充要条件　　　D. 既非充分又非必要条件

6. 若$f(x)=|x|$在$x=0$处的导数为(　　　).

A. 1　　B. -1　　C. 0　　D. 不存在

7. 函数$y=f(x)$在点x_0处可导，且曲线$y=f(x)$在点$(x_0,f(x_0))$处的切线平行于x轴，则$f'(x_0)$(　　　).

A. 大于零　　B. 等于零　　C. 小于零　　D. 不存在

二、填空题.

1. 设$y=\sqrt{x}$，则$y'=$____________；设$y=x^2\cdot\sqrt[3]{x}$，则$y'=$____________；

设 $y=\frac{1}{x}$,则 $y'=$ ________________; 设 $y=3^x$,则 $y'=$ ________________;

设 $y=\log_2 x$,则 $y'=$ ________________;设 $y=\ln x$,则 $y'=$ ________________.

2. 设函数 $f(x)=\sin x$,则

$\lim\limits_{h\to 0}\frac{f(x_0+h)-f(x_0)}{h}=$ ____________; $\lim\limits_{\Delta x\to 0}\frac{f(1-\Delta x)-f(1)}{\Delta x}=$ ________________.

3. 曲线 $y=e^x$ 在点(1, e)处的切线斜率为 ______,切线方程为 __________.

4. 已知物体的运动规律为位移(单位:m)$s(t)=t^3$,则此物体在 2 s时的速度为________.

三、计算题.

1. 两条曲线 $y=\frac{1}{x}$ 和 $y=ax^2+b$ 在点 $\left(2,\frac{1}{2}\right)$ 处相切,求常数 a,b.

2. 设球体的体积 V 与半径 R 有关系式 $V=\frac{4}{3}\pi R^3$,求当 $R=20$ 时,体积 V 对半径 R 的变化率.

四、设函数 $f(x)=\begin{cases}x^2-1, & x>2,\\ ax+b, & x\leqslant 2,\end{cases}$ 其中 a,b 为常数,$f'(2)$ 存在,求 a,b 及 $f'(2)$.

3.2(1)　函数的和、差、积、商的求导法则

一、选择题.

1. 设函数 $f(x)=x^2-3\cos x+\tan\dfrac{\pi}{4}$，则 $f'\left(\dfrac{\pi}{2}\right)=$（　　）.

A. $\pi-3$　　B. $\pi+3$　　C. $\pi-2$　　D. $\pi+4$

2. 设函数 $f(x)=(x^2-a)\cdot 2^x$，则 $\dfrac{dy}{dx}=$（　　）.

A. $f'(x)=2x\cdot 2^x$　　B. $f'(x)=2x\cdot 2^x\cdot\ln 2$

C. $f'(0)=0$　　D. $f'(x)=2x\cdot 2^x+(x^2-a)\cdot 2^x\cdot\ln 2$

3. 设函数 $y=\cot x-\csc x$，则 $\dfrac{dy}{dx}=$（　　）.

A. $\csc^2 x-\csc x\cdot\cot x$　　B. $-\csc^2 x+\csc x\cdot\cot x$

C. $-\sec^2 x-\sec x\cdot\csc x$　　D. $-\sec^2 x+\sec x\cdot\tan x$

4. 已知函数 $f(x)=\dfrac{\sin x}{x^2}$，则 $f'(x)=$（　　）.

A. $\dfrac{\cos x}{2x}$　　B. $\dfrac{x\cos x-2\sin x}{x^2}$　　C. $\dfrac{x\cos x+\sin x}{x^3}$　　D. $\dfrac{x\cos x-2\sin x}{x^3}$

二、填空题.

1. $\left(\dfrac{3}{2}\tan x\right)'=$____________.　　2. $(x^3+3^x)'=$____________.

3. $(x\cdot\cot x)'=$____________.　　4. $\left(\dfrac{\sin x}{x}\right)'=$____________.

5. 设函数 $f(x)=a_0x^n+a_1x^{n-1}+\cdots+a_{n-1}x+a_n$，则 $f'(0)=$____________.

6. 设函数 $f(x)=\sqrt{x}\cdot e^x$，则 $f'(1)=$____________.

7. 设曲线 $y=x^3-3x$ 在点 N 处的切线平行于 x 轴，则点 N 的坐标为____________.

8. 一物体按规律 $s(t)=3t^2-2t$ 做直线运动，速度 $v\left(\dfrac{3}{2}\right)=$____________.

三、求下列函数的导数.

1. $y=(2x-1)^2$；　　2. $u=\sqrt{v}\sin v$；

3. $y=a^{x}\cdot\sec x-\csc x$;

4. $y=\dfrac{1}{x}-\dfrac{2}{\sqrt{x}}$;

5. $y=\dfrac{\mathrm{e}^{x}}{x^{3}}+\sin\dfrac{\pi}{4}$;

6. $y=\dfrac{\cos x}{x^{3}-1}$;

7. $y=\dfrac{3^{x}}{\tan x}-x^{3}$;

8. $u=\dfrac{2}{\sqrt[3]{v^{2}}}-\cot v$.

四、求曲线 $y=x^{2}+2\sin x$ 在点(0,0)处的切线方程和法线方程.

3.2(2)　复合函数、反函数的导数

一、选择题.

1. 设函数 $y=f(-2x)$，则 $y'=($　　　　$)$.

A. $f'(2x)$　　B. $-f'(-2x)$　　C. $-2f'(-2x)$　　D. $f'(-2x)$

2. 已知函数 $f(x)=3^{\sec x}$，则 $f'(x)=($　　　　$)$.

A. $3^{\sec x}\ln 3$　　B. $\tan^2 x 3^{\sec x}\ln 3$

C. $\tan x\sec x 3^{\sec x}\ln 3$　　D. $\tan x\sec x 3^{\sec x}$

3. 设函数 $y=\ln\sin x$，则 $y'=($　　　　$)$.

A. $\dfrac{1}{\sin x}$　　B. $-\cot x$　　C. $\cot x$　　D. $\tan x$

4. 设函数 $y=\arcsin x^2$，则 $y'=($　　　　$)$.

A. $\dfrac{1}{\sqrt{1-x^4}}$　　B. $\dfrac{2x}{\sqrt{1+x^4}}$　　C. $\dfrac{x^2}{\sqrt{1-x^4}}$　　D. $\dfrac{2x}{\sqrt{1-x^4}}$

5. 设函数 $f(x)=\operatorname{arccot}\sqrt{x}$，则 $f'(x)=($　　　　$)$.

A. $\dfrac{\sqrt{x}}{1+x}$　　B. $-\dfrac{1}{2(1+x)\sqrt{x}}$　　C. $-\dfrac{\sqrt{x}}{1+x}$　　D. $\dfrac{1}{2(1+x)\sqrt{x}}$

二、判断题.

1. 若函数单调可导，则其一定有反函数且反函数也可导.　　(　　)

2. 设 $y=e^{x^5}$，则 $y'=(e^{x^5})'\cdot(x^5)'=e^{x^5}\cdot 5x^4$.　　(　　)

3. 设 $y=\tan^2 x$，则 $y'=[(\tan x)']^2=\sec^4 x$.　　(　　)

4. 设 $y=\lg(1+x)$，则 $y'=\dfrac{1}{1+x}$.　　(　　)

三、计算下列函数的导数.

1. $y=(2x^2-x)^3$；

2. $y=\arcsin 3^x$；

3. $y=5^{\arccos x}$；

4. $s=2\sin\left(2t+\dfrac{\pi}{4}\right)$；

5. $y=\arctan\sqrt{1+x}$;

6. $y=\log_2(x^2+x+1)$;

7. $y=\ln\tan(-x)$;

8. $y=\sqrt{\sec x^2}$;

9. $y=\dfrac{\operatorname{arccot} 2x}{x}$;

10. $y=x^2\ln(1-x)$.

四、设函数 $f(x)$ 可导,$y=f(\sin^2 x)+f(\cos^2 x)$, 求$\dfrac{\mathrm{d}y}{\mathrm{d}x}$.

3.3　隐函数的导数

一、选择题.

1. 设 $y=y(x)$ 是由方程 $x^2+y^2=4$ 所确定的隐函数，则 $y'=($　　　　$)$.

A. $x+y$　　　　B. $-\frac{x}{y}$　　　　C. $x-y$　　　　D. $\frac{y}{x}$

2. 设函数 $y=x^x$，则 $y'=($　　　　$)$.

A. $x^x\ln x$　　　　B. $x\cdot x^{x-1}$　　　　C. $x^x(1+\ln x)$　　　　D. $x^x(\frac{1}{x}+\ln x)$

3. 曲线方程为 $x^2-2y^2=2$，其在点 $(2,1)$ 处的切线斜率 $k=($　　　　$)$.

A. 2　　　　B. -1　　　　C. 1　　　　D. -2

二、求由下列方程所确定的隐函数的导数 $\frac{dy}{dx}$.

1. $y^2-2xy+9=0$；

2. $x^3+y^3-xy=0$；

3. $xy=e^{x+y}$；

4. $x=y+\arctan y$；

5. $\arctan\frac{y}{x}=\ln\sqrt{x^2+y^2}$；

6. $y^x=x^y$.

三、用对数求导法则求下列函数的导数.

1. $y=\left(\dfrac{x}{1+x}\right)^{x}$;

2. $y=\dfrac{\sqrt{x+2}(3-x)^{4}}{(x+1)^{5}}$.

3.4 高阶导数

一、选择题.

1. 设函数 $y=\sqrt{x}$,则 $y''=$(　　).

A. $\frac{1}{4x\sqrt{x}}$　　B. $-\frac{1}{4x\sqrt{x}}$

C. $-\frac{1}{x\sqrt{x}}$　　D. $-\frac{1}{4\sqrt[3]{x^2}}$

2. 已知函数 $y=\ln\sin x$,则 $y''=$(　　).

A. $\csc^2 x$　　B. $-\csc^2 x$　　C. $\sec^2 x$　　D. $\cot x$

3. 函数 $f(x)=x^3+3x^2-2x+5$,则 $f''(0)=$(　　).

A. 0　　B. 3　　C. 6　　D. 5

4. 设函数 $y=ax^5+b$(a,b 为常数),则 $y^{(5)}(1)=$(　　).

A. $a+b$　　B. a^5　　C. $5!\ a$　　D. 0

5. 设函数 $y=x^n+e^x$,则 $y^{(n)}=$(　　).

A. e^x　　B. $n!$　　C. $n!\ +ne^x$　　D. $n!\ +e^x$

6. 设函数 $y=e^{ax}$(a 为常数),则 $y^{(n)}=$(　　).

A. ae^{ax}　　B. e^{ax}　　C. $a^n e^{ax}$　　D. $a^2 e^{ax}$

二、判断题.

1. 函数 $y=f(x)$ 的二阶导数可记为$\frac{d^2y}{d^2x}$.　　(　　)

2. 位置函数 $s(t)$ 的二阶导数 $s''(t)$ 为变速直线运动的加速度 $a(t)$.　　(　　)

三、计算题.

1. 设 $y=(1+x^2)\arctan x$,求 y'';

2. 设 $y=\sqrt{x^2-a^2}$,求 y'';

3. 设 $y=\frac{1}{x}e^{x^2}$,求 y'';

4. 设 $y=\ln(1+x)$,求 $y^{(5)}$.

四、验证函数 $y=e^x\sin x$ 满足关系式 $y''-2y'+2y=0$.

3.5　函数的微分

一、选择题.

1. 函数 $f(x)$ 在点 x_0 处有增量 $\Delta x=0.2$,对应的函数的微分等于 0.8,则该函数在点 x_0 处的导数是(　　　).

A. 0.16　　B. 1.44　　C. 4　　D. −4

2. 当函数 $f(x)=x^2$ 在点 x_0 处有增量 $\Delta x=0.2$,对应的微分为 −1.2 时,$x_0=$(　　　).

A. 3　　B. −3　　C. 0.3　　D. −0.3

3. 设函数 $y=f(x)$ 可导,则当 x 在 $x=2$ 处有微小增量 Δx 时,函数的增量 $\Delta y\approx$(　　　).

A. $f'(2)$　　B. $f(2)\Delta x$　　C. $f'(2)\Delta x$　　D. $f(2+\Delta x)$

4. 函数 $f(x)$ 在点 x_0 处可微,则当 $|\Delta x|$ 很小时,$f(x_0+\Delta x)\approx$(　　　).

A. $f(x_0)$　　B. Δy　　C. $f'(x_0)\Delta x$　　D. $f(x_0)+f'(x_0)\Delta x$

5. 设 x 为自变量,当 $x=1,\Delta x=0.1$ 时,$\mathrm{d}(x^3)=$(　　　).

A. 0.3　　B. 0　　C. 0.01　　D. 0.03

6. 设函数 $y=\arctan\sqrt{x}$,则(　　　).

A. $\mathrm{d}y=\dfrac{1}{1+x^2}\mathrm{d}(\sqrt{x})$　　B. $\mathrm{d}y=\dfrac{1}{1+x}\mathrm{d}x$

C. $\mathrm{d}y=\dfrac{1}{2(1+x)\sqrt{x}}$　　D. $\mathrm{d}y=\dfrac{\mathrm{d}x}{2(1+x)\sqrt{x}}$

二、填空题.

1. 将适当的函数填入下列括号内,使等式成立.

(1) $\mathrm{d}(\qquad)=2\mathrm{d}x$;　　(2) $\mathrm{d}(\qquad)=\dfrac{1}{1+x}\mathrm{d}x$;

(3) $\mathrm{d}(\qquad)=\dfrac{1}{\sqrt{x}}\mathrm{d}x$;　　(4) $\mathrm{d}(\qquad)=\mathrm{e}^{-2x}\mathrm{d}x$;

(5) $\mathrm{d}(\qquad)=\sin wx\mathrm{d}x$　　(6) $\mathrm{d}(\qquad)=\csc^2x\mathrm{d}x$.

2. $\mathrm{d}\left(\dfrac{3}{2}x^2+C\right)=$ ______.　　3. $\mathrm{d}(\ln(1-x))=$ ______.

4. $\mathrm{d}(\mathrm{e}^{\cos x})=$ ______.　　5. $\mathrm{d}\left(\tan\dfrac{1}{x}\right)=$ ______.

6. $\mathrm{d}(5^x)=$ ______.　　7. $\mathrm{d}\left(\dfrac{x}{1+x}\right)=$ ______.

8. $\mathrm{d}(x^3\sin 2x)=$ ______.

9. 设 u,v 是 x 的可微函数,则 $\mathrm{d}(\mathrm{e}^{u+v})=\mathrm{e}^{u+v}$ ______.

10. 将半径为 R 的球体加热,如果球半径增加 ΔR,那么球体积的增量 $\Delta V\approx$ ______.

三、求下列函数的微分 dy.

1. $y=\cot 3x+\lg(x-1)$;

2. $y=e^{-2x}\cos x$;

3. $y=\sin^2(1+2x^2)$;

4. $y=\arcsin\sqrt{x}$;

5. $y^3+y^2=2x$;

6. $y=\dfrac{\varphi(x)}{x}$,$\varphi(x)$可导.

四、设函数 $y=\ln\sqrt{1-x^2}$,求 $x=\dfrac{1}{2}$时的微分.

3.6　导数在经济学中的简单应用

一、某工厂对其产品的销售情况进行大量统计分析后,得出总利润(单位:元)与每月产量(单位:t)的关系为$\pi(Q)=250Q-5Q^2$,试确定每月生产 20 t、25 t、35 t 的边际利润,并做出经济解释.

二、已知某产品的总成本函数为$C(x)=5\ 000+20x$,需求函数为$p=1\ 000-2x$,其中p为单位产品售价(单位:元),x为需求量(即销售量)(单位:件).

(1) 求总利润函数;

(2) 求边际利润函数;

(3) 分别求出$x=240,245,250$时的边际利润,并解释所得结果的经济意义.

三、求函数$y=Ae^{\alpha x}$的弹性(其中A,α为正常数).

四、某商品的需求量Q关于价格P的函数为$Q=50-5P$,求当$P=2,5,6$时需求的价格弹性,说明其经济意义,并给出相应的增加销售收益的策略.

第四章　微分中值定理与导数的应用

4.1　微分中值定理

一、选择题.

1. 设函数 $f(x)$ 在 $[a,b]$ 上连续，在 (a,b) 内可导，并且有 $f(a)=f(b)$，则下列结论正确的是(　　　).

A. 对于 (a,b) 内的任意一点 x，都有 $f'(x)=0$

B. 在 (a,b) 内至少存在一点 ξ，使得 $f'(\xi)=0$

C. 在 (a,b) 内只存在唯一的一点 ξ，使得 $f'(\xi)=0$

D. 在 $[a,b]$ 上存在一点 ξ，使得 $f'(\xi)=0$

2. 若函数 $f(x)$ 在 (a,b) 内可导，x_1,x_2 是 (a,b) 内任意两点，且 $x_1<x_2$，则至少存在一点 ξ 使(　　　).

A. $f(b)-f(a)=f'(\xi)(b-a)$，其中 $a<\xi<b$

B. $f(b)-f(x_1)=f'(\xi)(b-x_1)$，其中 $x_1<\xi<b$

C. $f(x_2)-f(x_1)=f'(\xi)(x_2-x_1)$，其中 $x_1<\xi<x_2$

D. $f(x_2)-f(a)=f'(\xi)(x_2-a)$，其中 $a<\xi<x_2$

3. 函数 $f(x)=\dfrac{1}{2x}$ 满足拉格朗日中值定理条件的区间是(　　　).

A. $[1,2]$　　B. $[-2,2]$　　C. $[-2,0]$　　D. $[0,1]$

二、验证题.

1. 验证罗尔中值定理对函数 $y=\ln\sin x$ 在区间 $\left[\dfrac{\pi}{6},\dfrac{5\pi}{6}\right]$ 上的正确性.

2. 验证拉格朗日中值定理对函数 $y=4x^3-5x^2-2$ 在区间 $[0,1]$ 上的正确性.

三、设 $x>1$，证明：$e^x>e\cdot x$.

四、不用求出函数 $f(x)=(x-1)(x-2)(x-3)$ 的导数，说明方程 $f'(x)=0$ 有几个实根，并指出它们所在的区间.

五、函数 $f(x)$ 在 $[a,b]$ 上连续，在 (a,b) 内二阶可导，且 $f(a)=f(b)=f(c)$，其中 $a<c<b$，试证至少存在一个 $\xi\in(a,b)$，使得 $f''(\xi)=0$.

4.2　洛必达法则

一、选择题.

1. 下列极限计算正确的是(　　　　).

A. $\lim\limits_{x\to -3}\dfrac{x^3+3x^2-x-3}{(x+3)^2}=\lim\limits_{x\to -3}\dfrac{3x^2+6x-1}{2(x+3)}=\lim\limits_{x\to -3}\dfrac{6x+6}{2}=-6$

B. $\lim\limits_{x\to -3}\dfrac{x^3+3x^2-x-3}{(x+3)^2}=\lim\limits_{x\to -3}\dfrac{(x+3)(x^2-1)}{(x+3)^2}=\lim\limits_{x\to -3}\dfrac{x^2-1}{x+3}=\lim\limits_{x\to -3}\dfrac{2x}{1}=-6$

C. $\lim\limits_{x\to -3}\dfrac{x^3+3x^2-x-3}{(x+3)^2}=\lim\limits_{x\to -3}\dfrac{3x^2+6x-1}{2(x+3)}=\infty$

D. $\lim\limits_{x\to -3}\dfrac{x^3+3x^2-x-3}{(x+3)^2}=\dfrac{\lim\limits_{x\to -3}(x^3+3x^2-x-3)}{\lim\limits_{x\to -3}(x+3)^2}$不存在

2. 下列极限计算正确的是(　　　　).

A. $\lim\limits_{x\to 0}\dfrac{x^2\sin\dfrac{1}{x}}{\sin x}=\lim\limits_{x\to 0}\dfrac{2x\sin\dfrac{1}{x}-\cos\dfrac{1}{x}}{\cos x}$不存在

B. $\lim\limits_{x\to 0}\dfrac{x^2\sin\dfrac{1}{x}}{\sin x}=\lim\limits_{x\to 0}\dfrac{x}{\sin x}\cdot\lim\limits_{x\to 0}x\sin\dfrac{1}{x}=1\cdot 0=0$

C. $\lim\limits_{x\to \infty}\dfrac{x^2\sin\dfrac{1}{x}}{\sin x}=\lim\limits_{x\to \infty}\dfrac{x}{\sin x}\cdot\lim\limits_{x\to \infty}x\sin\dfrac{1}{x}=1\cdot 0=0$

D. $\lim\limits_{x\to \infty}\dfrac{x^2\sin\dfrac{1}{x}}{\sin x}=\lim\limits_{x\to \infty}\dfrac{x}{\sin x}\cdot\lim\limits_{x\to \infty}\dfrac{\sin\dfrac{1}{x}}{\dfrac{1}{x}}=1\cdot 1=1$

3. 函数$f(x)$有连续二阶导数且$f(0)=0$, $f'(0)=1$, $f''(0)=-2$,则$\lim\limits_{x\to 0}\dfrac{f(x)-x}{x^2}=$(　　　　).

A. 不存在　　　　B. 0　　　　C. -1　　　　D. -2

二、填空题.

1. $\lim\limits_{x\to +\infty}\dfrac{\ln(1+x)}{x}=$______________.

2. $\lim\limits_{x\to a}\dfrac{\sin x-\sin a}{x-a}=$______________.

3. $\lim\limits_{x\to 0}\dfrac{1-\cos x}{1-\cos 3x}=$______________.

4. $\lim\limits_{x \to \infty} x\sin\dfrac{1}{x} =$ ______________.

5. 当 $x \to \infty$ 时，有 $f(x) \to +\infty$ 和 $g(x) \to +\infty$ 且 $\lim\limits_{x \to \infty}\dfrac{f'(x)}{g'(x)} = l\ (0 < l < +\infty)$，则 $\lim\limits_{x \to \infty}\dfrac{\ln f(x)}{\ln g(x)} =$ __________________.

三、利用洛必达法则求下列极限.

1. $\lim\limits_{x \to +\infty}\dfrac{e^{x} - e^{-x}}{e^{x} + e^{-x}}$；

2. $\lim\limits_{x \to \frac{\pi}{2}}\dfrac{\tan x}{\tan 3x}$；

3. $\lim\limits_{x \to a}\dfrac{x^{m} - a^{m}}{x^{4} - a^{4}}$；

4. $\lim\limits_{x \to 0^{+}} x \cdot \cot 2x$；

5. $\lim\limits_{x \to +\infty}\dfrac{\ln x}{\ln(x+1)}$；

6. $\lim\limits_{x \to +\infty} x\left(\dfrac{\pi}{2} - \arctan x\right)$.

4.3　函数的单调性、函数的极值

一、选择题.

1. 下列函数在所给区间上为单调递增函数的是(　　　　).

A. $y=\frac{1}{x-1},x\in(1,2)$　　　　B. $y=\sqrt[3]{x},x\in(-1,0)$

C. $y=x^2-2x+3,x\in[0,1]$　　　　D. $y=-x^3+1,x\in[0,1]$

2. 下列函数在所给区间上为单调递减函数的是(　　　　).

A. $y=x+\cos x,x\in[0,2\pi]$　　　　B. $y=x-\ln(1+x^2),x\in(-1,0)$

C. $y=\arctan x-x,x\in[0,1]$　　　　D. $y=x+\sin x,x\in[0,2\pi]$

3. 若 $f(x)$ 在 $x\in U(a)$ 时有定义,且除点 $x=a$ 外,恒有 $f(x)-f(a)<0$,则以下结论正确的是(　　　　).

A. $f(x)$ 在 $U(a)$ 内单调递增　　　　B. $f(x)$ 在 $U(a)$ 内单调递减

C. $f(a)$ 为函数 $f(x)$ 的极大值　　　　D. $f(a)$ 为函数 $f(x)$ 的极小值

4. 设函数 $f(x)$ 在点 x_0 取得极大值,则必有(　　　　).

A. $f'(x_0)=0$　　　　B. $f''(x_0)<0$

C. $f'(x_0)=0$ 或 $f'(x_0)$ 不存在　　　　D. $f'(x_0)=0$, $f''(x_0)<0$

5. 若函数 $f(x)=ax^2+bx$ 在点 $x=1$ 处取得极大值 2,则 a,b 的值为(　　　　).

A. $a=2,b=-4$　　B. $a=-2,b=4$　　C. $a=4,b=-2$　　D. $a=-4,b=2$

二、判断题.

1. 若函数 $f(x)$ 在 (a,b) 内可导且单调递增,则必有 $f'(x)>0$.　　(　　)

2. 若在 (a,b) 内函数 $y=f(x)$ 在任一点处的切线斜率都大于零,则 $y=f(x)$ 在 (a,b) 内单调递增.　　(　　)

3. 若 x_0 是 $f(x)$ 的极值点,则一定有 $f'(x_0)=0$.　　(　　)

4. 若 x_0 是 $f(x)$ 的一个驻点,则 x_0 一定是 $f(x)$ 的一个极值点.　　(　　)

5. 函数 $f(x)$ 在 (a,b) 内的极大值必大于其极小值.　　(　　)

6. 若 $f(x)$ 在点 $x=0$ 处具有二阶导数,且满足 $f'(x_0)=0$ 和 $f''(x_0)>0$,则 $f(x)$ 在点 $x=0$ 处取得极小值.　　(　　)

三、求下列函数的单调区间和极值.

1. $y=2x^3-3x^2$;　　　　2. $y=e^x+e^{-x}$;

3. $y=\ln x-2x^2$；

4. $y=\sqrt{2x-x^2}$.

四、证明下列不等式.

1. 当 $x>0$ 时，$1+\frac{1}{2}x>\sqrt{1+x}$；

2. 当 $x>0$ 时，$x<e^x-1<xe^x$.

五、试问 a 为何值时，函数 $f(x)=a\sin x+\frac{1}{3}\sin 2x$ 在 $x=\frac{\pi}{3}$ 处取得极值？它是极大值还是极小值？并求出此极值.

4.4 函数的最值

一、判断题.

1. 设函数 $f(x)$ 在 $[a,b]$ 上连续,则在 $[a,b]$ 上必有最大值和最小值. ( )

2. 若 $f(x)$ 在 (a,b) 内连续,且在 $x_0 \in (a,b)$ 处取得极小值,则 x_0 必是 $f(x)$ 的最小值点. ( )

3. 若函数 $f(x)$ 在 $[a,b]$ 上单调递增,则在 $[a,b]$ 上 $f(a)$ 是最小值, $f(b)$ 是最大值. ( )

4. 若函数 $f(x)$ 在 (a,b) 内可导,且在唯一驻点 x_0 处取得极大值,则 $f(x_0)$ 也一定是 $f(x)$ 在 (a,b) 内的最大值. ( )

二、求下列函数在给定区间上的最大值与最小值.

1. $y=2x^3-3x^2, -1\leqslant x\leqslant 4$;

2. $y=x+\sqrt{1-x}, -5\leqslant x\leqslant 1$;

3. $y=\dfrac{x^2}{1+x}, -\dfrac{1}{2}\leqslant x\leqslant 1$;

4. $y=\sin 2x-x, -\dfrac{\pi}{2}\leqslant x\leqslant \dfrac{\pi}{2}$.

三、欲用围墙围成面积为 216 m^2 的一块矩形土地,并在此矩形土地的正中用一堵墙将其分成相等的两块.问这块土地的长与宽的尺寸应如何选取,才能使建筑材料最省?

四、甲舰位于乙舰东 75 海里,以每小时 12 海里的速度向西行驶,而乙舰以每小时 6 海里的速度向北行驶,问经过多长时间两舰相距最近?

五、作半径为 r 的球的外切圆锥,问此圆锥的高为何值时,其体积 V 最小,并求出该体积的最小值.

4.5 曲线的凹凸性、拐点与渐近线

一、求下列曲线的凹凸性与拐点.

1. $y=x^3-5x^2+3x+5$;

2. $y=xe^{-x}$

二、设曲线 $y=ax^3+bx^2+cx+2$ 在 $x=1$ 处取得极小值 0,(0,2)为其拐点,试确定常数 a,b,c 的值.

三、求下列曲线的渐近线.

(1) $y=\dfrac{x^3}{(x-1)^2}$;

(2) $y=\dfrac{x+1}{x^2-5x-6}$;

(3) $y=e^{-\frac{1}{x}}$.

第五章 不定积分

5.1 不定积分的概念与性质

一、填空题.

1. 若在区间 I 上，$F'(x)=f(x)$，则 $F(x)$ 叫做 $f(x)$ 在区间 I 上的一个________，$f(x)$ 的所有原函数叫做 $f(x)$ 在区间 I 上的________.

2. $F(x)$ 是 $f(x)$ 的一个原函数，则 $y=F(x)$ 的图形为 $f(x)$ 的一条________.

3. 因为 $\mathrm{d}(\arcsin x)=\dfrac{1}{\sqrt{1-x^2}}\mathrm{d}x$，所以 $\arcsin x$ 是____________的一个原函数.

4. $f(x)$ 的一个原函数为 $\sin x$，则 $f'(x)=$________；$\int f(x)\mathrm{d}x=$________.

5. $\mathrm{d}\left(\int \arctan x^2\mathrm{d}x\right)=$________.

6. ________函数一定有原函数.

二、判断题.

1. 若 $f(x)$ 的某个原函数为常函数，则 $f(x)\equiv 0$. ( )

2. $\left(\int f(x)\mathrm{d}x\right)'=\int f'(x)\mathrm{d}x$. ( )

3. $y=\ln(3x)$ 与 $y=\ln x$ 是同一函数的原函数. ( )

4. $y=(\mathrm{e}^x+\mathrm{e}^{-x})^2$ 与 $y=(\mathrm{e}^x-\mathrm{e}^{-x})^2$ 是同一函数的原函数. ( )

三、选择题.

1. 对于不定积分 $\int f(x)\mathrm{d}x$，下列等式中正确的是( ).

A. $\mathrm{d}\int f(x)\mathrm{d}x=f(x)$　　B. $\int f'(x)\mathrm{d}x=f(x)$

C. $\int \mathrm{d}f(x)=f(x)$　　D. $\dfrac{\mathrm{d}}{\mathrm{d}x}\int f(x)\mathrm{d}x=f(x)$

2. C 为任意常数，且 $F'(x)=f(x)$，下式成立的有( ).

A. $\int F'(x)\mathrm{d}x=f(x)+C$　　B. $\int f(x)\mathrm{d}x=F(x)+C$

C. $\int F(x)\mathrm{d}x=F'(x)+C$　　D. $\int f'(x)\mathrm{d}x=F(x)+C$

3. $F(x)$和$G(x)$都是函数$f(x)$的原函数，$f(x)\neq 0$，则下式成立的有(　　).

A. $F(x)=CG(x)$　　B. $F(x)=G(x)+C$

C. $F(x)+G(x)=C$　　D. $F(x)\cdot G(x)=C$

4. 设$a>0$且$a\neq 1$，函数$f(x)=a^x$，$\varphi(x)=a^x\log_a e$，则(　　).

A. $f(x)$是$\varphi(x)$的导数　　B. $\varphi(x)$是$f(x)$的导数

C. $f(x)$是$\varphi(x)$的原函数　　D. $\varphi(x)$是$f(x)$的不定积分

5. 若$F'(x)=\dfrac{1}{\sqrt{1-x^2}}$，$F(1)=\dfrac{3}{2}\pi$，则$F(x)$为(　　).

A. $\arcsin x$　　B. $\arcsin x+C$

C. $\arccos x+\pi$　　D. $\arcsin x+\pi$

6. 若$f(x)$的导函数为$\sin x$，则$f(x)$的一个原函数是(　　).

A. $1+\sin x$　　B. $1-\sin x$　　C. $1-\cos x$　　D. $1+\cos x$

四、计算题.

1. $\int \sqrt[m]{x^n}\,dx$；

2. $\int \dfrac{1}{\sqrt{2gh}}dh$；

3. $\int (\sqrt{x}+1)(\sqrt{x^3}-1)\,dx$；

4. $\int \dfrac{(1-x)^2}{x^2}dx$；

5. $\int e^x\left(1-\dfrac{e^{-x}}{\sqrt{x}}\right)dx$；

6. $\int 3^{2x}e^x\,dx$；

7. $\int\left(1-2\cos^2\frac{x}{2}\right)dx$；

8. $\int\frac{4\sin^3x-1}{\sin^2x}dx$；

9. $\int\left(\cos\frac{x}{2}-\sin\frac{x}{2}\right)^2dx$；

10. $\int\frac{1+\cos^2x}{1+\cos 2x}dx$；

11. $\int\frac{\cos 2x}{\sin^2x\cos^2x}dx$；

12. $\int\frac{2x^2+1}{x^2(x^2+1)}dx$；

13. $\int\frac{x^2}{x^2+1}dx$；

14. $\int\sec x(\sec x-\tan x)dx$.

五、应用题.

1. 一曲线通过点$(e^2,3)$，且在任一点处的切线的斜率等于该点横坐标的倒数，求该曲线的方程.

2. 一物体由静止开始做直线运动，经 t s 后的速度是 $3t^2$(m/s)，问：

(1) 在 3 s 后物体离开出发点的距离是多少？

(2) 物体走完 360 m 需要多少时间？

5.2　换元积分法——第一换元积分法

一、填空题.

1. $dx=(\qquad)d(1-2x)$.

2. $xdx=(\qquad)d(1-x^2)$.

3. $\frac{1}{x^2}dx=d(\qquad)$.

4. $\frac{1}{\sqrt{x}}dx=d(\qquad)$.

5. $\frac{1}{x}dx=d(\qquad)$.

6. $e^{-x}dx=(\qquad)d(e^{-x})$.

7. $\sin 2xdx=(\qquad)d(\cos 2x)$.

8. $\cos\frac{x}{2}dx=(\qquad)d\left(\sin\frac{x}{2}\right)$.

9. $\frac{\ln x}{x}dx=\ln xd(\qquad)$.

10. $\frac{1}{\sqrt{1-x}}dx=(\qquad)d(\sqrt{1-x})$.

11. $\frac{1}{\sqrt{4-x^2}}dx=(\qquad)d\left(\arcsin\frac{x}{2}\right)$.

12. $\frac{1}{4+x^2}dx=(\qquad)d\left(\arctan\frac{x}{2}\right)$.

13. $\sec^2xdx=d(\qquad)$.

14. $\tan x\sec xdx=d(\qquad)$.

二、选择题.

1. $\int f'(3x)dx=(\qquad)$.

A. $\frac{1}{3}f(x)+C$

B. $\frac{1}{3}f(3x)+C$

C. $3f(x)+C$

D. $3f(3x)+C$

2. $\int\frac{f'(x)}{1+[f(x)]^2}dx=(\qquad)$.

A. $\ln|1+f(x)|+C$

B. $\frac{1}{2}\ln|1+[f(x)]^2|+C$

C. $\arctan[f(x)]+C$

D. $\frac{1}{2}\arctan[f(x)]+C$

3. 对于$\int\sin 2xdx$,下列结论错误的是(　　).

A. $\frac{1}{2}\cos 2x+C$　　B. $\sin^2x+C$　　C. $-\cos^2x+C$　　D. $-\frac{1}{2}\cos 2x+C$

4. $\int e^{-2x}dx=(\qquad)$.

A. $2e^{-2x}+C$　　B. $-\frac{1}{2}e^{-2x}+C$　　C. $-2e^{-2x}+C$　　D. $\frac{1}{2}e^{-2x}+C$

三、计算题.

1. $\int x(2x^2-3)^{30}\mathrm{d}x$;

2. $\int \frac{1}{(1-2x)^3}\mathrm{d}x$;

3. $\int \mathrm{e}^{\frac{7}{4}x}\mathrm{d}x$;

4. $\int \frac{\ln x}{x}\mathrm{d}x$;

5. $\int \mathrm{e}^x\cos \mathrm{e}^x\mathrm{d}x$;

6. $\int \cos x\mathrm{e}^{\sin x}\mathrm{d}x$;

7. $\int \tan^{10}x\sec^2x\mathrm{d}x$;

8. $\int \frac{1}{1+3x^2}\mathrm{d}x$;

9. $\int \frac{\mathrm{d}x}{\sqrt{x}\sin^2\sqrt{x}}$;

10. $\int \frac{\mathrm{e}^x}{\sqrt{1-\mathrm{e}^{2x}}}\mathrm{d}x$;

11. $\int \frac{\mathrm{d}x}{\mathrm{e}^x+\mathrm{e}^{-x}}$;

12. $\int \left(1-\frac{1}{x^2}\right)\mathrm{e}^{x+\frac{1}{x}}\mathrm{d}x$;

13. $\int \frac{1}{1+\cos x}\mathrm{d}x$;

14. $\int \frac{\arctan x}{1+x^2}\mathrm{d}x$.

5.3 换元积分法——第二换元积分法

一、计算下列不定积分.

1. $\int \frac{dx}{1+\sqrt{2x}}$;

2. $\int \frac{\sqrt{x}\,dx}{1+x}$;

3. $\int \frac{\sqrt{x-1}}{x}dx$;

4. $\int \frac{1}{\sqrt{(x^2+1)^3}}dx$;

5. $\int \frac{\sqrt{x^2-9}}{x}dx$;

6. $\int \frac{\sqrt{1-x^2}}{x^2}dx$.

5.4 分部积分法

一、计算下列不定积分.

1. $\int \ln x\mathrm{d}x$;

2. $\int x\cos x\mathrm{d}x$;

3. $\int x^2\ln x\mathrm{d}x$;

4. $\int \arccos x\mathrm{d}x$;

5. $\int x\arctan x\mathrm{d}x$;

6. $\int x\mathrm{e}^{-x}\mathrm{d}x$;

7. $\int \mathrm{e}^x\sin x\mathrm{d}x$;

8. $\int \mathrm{e}^{\sqrt{x}}\mathrm{d}x$;

9. $\int x\sin 3x\mathrm{d}x$;

10. $\int x\tan^2 x\mathrm{d}x$.

第六章　定　积　分

6.1—6.2　定积分的概念与性质

一、填空题.

1. 函数 $f(x)$ 在区间 $[a,b]$ 上的定积分记为________.其中,________称为积分变量,________称为被积函数,________称为积分区间.

2. 定积分是一种________的极限,其值是一个________.

3. 定积分值的大小只与________和________有关,而与________的记号无关.

4. 由定积分的几何意义求下列积分的值:

(1) $\int_{-\pi}^{\pi} \sin x\mathrm{d}x=$________;　　(2) $\int_{-\pi}^{\pi} \cos x\mathrm{d}x=$________;

(3) $\int_{-a}^{a} \sqrt{a^2-x^2}\,\mathrm{d}x=$________;　　(4) $\int_{0}^{1}(2x+1)\mathrm{d}x=$________.

5. 若 $\int_a^b \frac{f(x)}{f(x)+g(x)}\mathrm{d}x=1$,则 $\int_a^b \frac{g(x)}{f(x)+g(x)}\mathrm{d}x=$________.

二、判断题.

1. 若 $f(x)$ 在 $[a,b]$ 上有界,则 $f(x)$ 在 $[a,b]$ 上可积.　　(　　)

2. 若 $f(x)$ 在 $[a,b]$ 上可积,则 $f(x)$ 在 $[a,b]$ 上有界.　　(　　)

3. 若 $f(x)$ 在 $[a,b]$ 上连续,则 $f(x)$ 在 $[a,b]$ 上可积.　　(　　)

4. 若 $f(x)$,$g(x)$ 在 $[a,b]$ 上可积,且 $f(x)<g(x)$,则 $\int_a^b f(x)\mathrm{d}x<\int_a^b g(x)\mathrm{d}x$.　　(　　)

三、选择题.

1. 质点在沿 Ox 轴方向的变力 $F=F(x)$ 作用下,从 $x=a$ 移动到 $x=b$,则力 $F=F(x)$ 对质点所做的功 W 为(　　).

A. $W=F(x)(b-a)$　　B. $W=\sum_{i=1}^{n} F(x_i)\Delta x_i$

C. $W=F(x)\mathrm{d}x$　　D. $W=\int_a^b F(x)\mathrm{d}x$

2. 在区间 $[a,b]$ 上连续曲线 $y=f(x)$, $f(a)\cdot f(b)<0$, $f(c)=0(c\in[a,b])$,则曲线 $y=f(x)$ 与直线 $y=0,x=a,x=b$ 所围成的曲边梯形的面积 A 等于(　　).

A. $\int_a^b f(x)\mathrm{d}x$　　B. $\int_a^c f(x)\mathrm{d}x+\int_c^b f(x)\mathrm{d}x$

C. $\int_a^c f(x)\,dx-\int_c^b f(x)\,dx$　　　　D. $\int_a^b |f(x)|\,dx$

3. 设函数$f(x)$在区间$[a,b]$上连续，则$\int_a^b f(x)\,dx-\int_a^b f(t)\,dt$ (　　　　).

A. 大于零　　　B. 小于零　　　C. 等于零　　　D. 不确定

4. 设函数$f(x)$在区间$[a,b]$上连续，对于$\int_a^b f(x)\,dx$，下列说法错误的是(　　　　).

A. 若$f(x)<0$，则定积分的值等于以$y=f(x)$为曲边，区间$[a,b]$为底的曲边梯形面积值的相反数

B. 若$f(x)>0$，则定积分的值等于以$y=f(x)$为曲边，区间$[a,b]$为底的曲边梯形的面积值

C. 定积分$\int_a^b f(x)\,dx$的值等于以$y=f(x)$为曲边，区间$[a,b]$为底的曲边梯形的面积值

D. 若C为任意实数，则$\int_a^c f(x)\,dx+\int_c^b f(x)\,dx=\int_a^b f(x)\,dx$

5. 设$f(x)$是连续函数，且$f(x)=1+2\int_0^1 f(t)\,dt$，则$\int_0^1 f(x)\,dx=$(　　　　).

A. $\frac{1}{2}$　　　B. $-\frac{1}{2}$　　　C. 1　　　D. -1

四、不计算，比较下列定积分的大小.

1. $\int_0^1 x^2\,dx$与$\int_0^1 x^3\,dx$；　　　　2. $\int_1^e \ln^2 x\,dx$与$\int_1^e \ln x\,dx$.

6.3 微积分基本定理

一、填空题.

1. $\frac{d}{dx}\int_0^{\frac{\pi}{2}}\cos x^2 dx=$ ________________.

2. $\frac{d}{dx}\int_0^x \sin t^2 dt=$ ________________.

3. $\int_0^{\frac{1}{2}}\frac{2}{\sqrt{1-x^2}}dx=$ ________________.

4. $\int_0^3 |x-1| dx=$ ________________.

5. 设 $F(x)=\int_0^x t\cos^2 t dt$,则 $F'\left(\frac{\pi}{4}\right)=$ ________________.

6. $\int_0^2 f(x)dx=$ ________________,其中 $f(x)=\begin{cases}x^2, & 0\leqslant x\leqslant 1,\\ 2-x, & 1<x\leqslant 2.\end{cases}$

7. 设 $f(x)$ 有连续的导数, $f(b)=5$, $f(a)=3$,则 $\int_a^b f'(x)dx=$ ____________.

二、判断题.

1. 若 $f(x)$ 是连续函数,则 $F(x)=\int_a^x f(t)dt$ 可导. (　　)

2. $\int_0^{\pi}\sqrt{1+\cos 2x}dx=\int_0^{\pi}\sqrt{2\cos^2 x}dx=\sqrt{2}\int_0^{\pi}\cos x dx=\sqrt{2}\sin x\Big|_0^{\pi}=0.$ (　　)

三、选择题.

1. 设 $f(x)$ 为连续函数,则变上限积分 $\int_a^x f(t)dt$ 是(　　).

A. $f'(x)$ 的一个原函数　　B. $f'(x)$ 的全体原函数

C. $f(x)$ 的一个原函数　　D. $f(x)$ 的全体原函数

2. 设 $\int_0^x f(t)dt=a^{2x}$,则 $f(x)=$(　　).

A. $2a^{2x}$　　B. $a^{2x}\ln a$　　C. $2xa^{2x-1}$　　D. $2a^{2x}\ln a$

3. $\frac{d}{dx}\int_3^5\frac{1}{1+x^2}dx=$(　　).

A. $\arctan x$　　B. $\arctan 5-\arctan 3$

C. $-\frac{4}{65}$　　D. 0

4. 若 $\int_0^1 (2x+k)\,dx=2$ 则 $k=$(　　　　).

A. 0　　　　B. -1　　　　C. 1　　　　D. $\frac{1}{2}$

5. 若函数 $f(x)$ 在 $[a,b]$ 上连续,则下列结论错误的是(　　　　).

A. $\int_a^b f(x)\,dx$ 是 $f(x)$ 的一个原函数　　　　B. $\int_a^x f(t)\,dt$ 是 $f(x)$ 的一个原函数

C. $\int_x^b f(t)\,dt$ 是 $-f(x)$ 的一个原函数　　　　D. $f(x)$ 在 $[a,b]$ 上是可积的

四、计算题.

1. $\int_0^{\frac{\pi}{2}} 2\sin^2\frac{x}{2}\,dx$;

2. $\int_0^{\sqrt{3}} \frac{dx}{1+x^2}$;

3. $\int_{\frac{\pi}{6}}^{\frac{\pi}{3}} \frac{1}{\sin^2 x\cos^2 x}\,dx$;

4. 设 $f(x)=\begin{cases} e^x, & x>0, \\ \cos x, & x\leqslant 0, \end{cases}$ 求 $\int_{-\frac{\pi}{2}}^{1} f(x)\,dx$;

5. $\int_0^{\frac{\pi}{2}} \sqrt{1-\sin 2x}\,dx$;

6. $\lim\limits_{x\to 0}\frac{\int_0^x 2t\cos t\,dt}{1-\cos x}$.

6.4 定积分的换元积分法和分部积分法

一、填空题.

1. $\int_{-1}^{1} x^2\sin x\mathrm{d}x=$______.

2. $\int_{-\frac{\pi}{3}}^{\frac{\pi}{3}} \frac{x\cos x}{1+x^2}\mathrm{d}x=$______.

3. 设 $f(0)=1,f(1)=3,f'(1)=5$,则 $\int_0^1 xf''(x)\mathrm{d}x=$______.

二、选择题.

1. 设函数 $f(x)$ 在 $[0,1]$ 上连续,令 $t=2x$,则 $\int_0^1 f(2x)\mathrm{d}x=($　　$)$.

A. $\int_0^2 f(t)\mathrm{d}t$　　B. $\frac{1}{2}\int_0^1 f(t)\mathrm{d}t$

C. $2\int_0^2 f(t)\mathrm{d}t$　　D. $\frac{1}{2}\int_0^2 f(t)\mathrm{d}t$

2. 设函数 $f(x)$ 在 $[-a,a]$ 上连续,则 $\int_{-a}^{a} f(-x)\mathrm{d}x=($　　$)$.

A. 0　　B. $-\int_{-a}^{a} f(t)\mathrm{d}t$

C. $2\int_0^a f(t)\mathrm{d}t$　　D. $\int_{-a}^{a} f(t)\mathrm{d}t$

3. $\int_1^2 -\frac{1}{x^2}\mathrm{e}^{\frac{1}{x}}\mathrm{d}x=($　　$)$.

A. $\mathrm{e}-\sqrt{\mathrm{e}}$　　B. $\sqrt{\mathrm{e}}-\mathrm{e}$　　C. $\sqrt{\mathrm{e}}-1$　　D. $\mathrm{e}-1$

4. $\int_0^{\mathrm{e}-1} \ln(1+x)\mathrm{d}x=($　　$)$.

A. $\int_0^{\mathrm{e}-1} \ln x\mathrm{d}x$　　B. $\int_1^{\mathrm{e}} \ln x\mathrm{d}x$

C. $\int_0^{\mathrm{e}} \ln x\mathrm{d}x$　　D. $\int_1^{\mathrm{e}} \ln(1+x)\mathrm{d}(x+1)$

5. $\int_{-5}^{5} \cos xf(x^2)\mathrm{d}x=($　　$)$.

A. 0　　B. $2\int_0^5 \cos xf(x^2)\mathrm{d}x$

C. $\frac{1}{2}\int_0^5 \cos xf(x^2)\mathrm{d}x$　　D. 以上都不对

三、计算下列定积分.

1. $\int_0^1 \sqrt{1+3x}\,\mathrm{d}x$;

2. $\int_1^{e^3} \frac{\mathrm{d}x}{x\sqrt{1+\ln x}}$;

3. $\int_0^{\frac{\pi}{2}} \sin 2x \cdot \cos^5 x\,\mathrm{d}x$;

4. $\int_0^4 \frac{1}{1+\sqrt{x}}\mathrm{d}x$;

5. $\int_1^e \ln x\,\mathrm{d}x$;

6. $\int_0^1 x\mathrm{e}^{2x}\mathrm{d}x$.

6.5 反常积分

一、填空题.

1. 若 $\int_{-\infty}^{+\infty}\frac{m\mathrm{d}x}{1+x^2}=1$,则 $m=$____________________.

2. $\int_{2}^{+\infty}\frac{\mathrm{d}x}{(x-1)^p}$,当 p____________时收敛,当 p__________时发散.

3. $\int_{-1}^{+\infty}\frac{\mathrm{d}x}{1+x^2}=$____________.

4. $\int_{1}^{+\infty}x^{-\frac{4}{3}}\mathrm{d}x=$____________.

二、选择题.

1. 以下反常积分中,收敛的是(　　　　).

A. $\int_{1}^{+\infty}\frac{1}{\sqrt{x}}\mathrm{d}x$　　B. $\int_{1}^{+\infty}\frac{1}{x^2}\mathrm{d}x$　　C. $\int_{1}^{+\infty}\sqrt{x}\mathrm{d}x$　　D. $\int_{1}^{+\infty}\frac{1}{x}\mathrm{d}x$

2. 以下反常积分中,收敛的是(　　　　)

A. $\int_{0}^{+\infty}\cos x\,\mathrm{d}x$　　B. $\int_{0}^{+\infty}\sin x\,\mathrm{d}x$　　C. $\int_{1}^{+\infty}\ln x\,\mathrm{d}x$　　D. $\int_{1}^{+\infty}\mathrm{e}^{-x}\,\mathrm{d}x$

3. 已知反常积分 $\int_{-\infty}^{+\infty}\mathrm{e}^{k|x|}\mathrm{d}x=1$,则 $k=$(　　　　).

A. $\frac{1}{2}$　　B. $-\frac{1}{2}$　　C. 2　　D. -2

三、判断下列反常积分的收敛性,若收敛,计算其值.

1. $\int_{3}^{+\infty}\frac{1}{\sqrt[3]{x^2}}\mathrm{d}x$;

2. $\int_{0}^{+\infty}x\mathrm{e}^{-x^2}\mathrm{d}x$;

3. $\int_{0}^{+\infty}\sin x\mathrm{d}x$;

4. $\int_{-1}^{1}\frac{1}{x^2}\mathrm{d}x$.

6.6　定积分的几何应用

一、填空题.

1. 定积分 $\int_a^b f(x)\mathrm{d}x\,(f(x)\geqslant 0)$ 的几何意义是＿＿＿＿＿＿＿＿＿＿＿＿＿＿＿＿＿＿＿＿.

2. 计算由 $y^2=2x$ 与 $y=x-4$ 所围成图形的面积时,选取＿＿＿＿＿作为积分变量较为简捷.

3. 平面图形 $a\leqslant x\leqslant b, 0\leqslant f(x)\leqslant y\leqslant g(x)$ 绕 x 轴旋转一周所成的旋转体的体积用定积分可以表示为 $V=$＿＿＿＿＿＿＿＿＿＿＿＿.

二、选择题.

1. 由曲线 $y=\ln x$ 与直线 $x=0, y=0, y=1$ 所围成的区域的面积等于(　　　　).

A. 2　　　　B. e−1　　　　C. 1−e　　　　D. 0

2. 设函数 $f(x)$ 在 $[a,b]$ 上连续,则由曲线 $y=f(x)$ 与直线 $x=a, x=b, y=0$ 所围成的平面图形的面积为(　　　　).

A. $\int_a^b f(x)\mathrm{d}x$　　　　B. $\left|\int_a^b f(x)\mathrm{d}x\right|$　　　　C. $\int_a^b |f(x)|\mathrm{d}x$　　　　D. $f(\xi)(b-a), a<\xi<b$

三、应用题.

1. 求由曲线 $xy=1, y=x$ 和 $x=2$ 所围成图形的面积.

2. 求由曲线 $y=x^2$ 和 $x+y=2$ 所围成图形的面积.

3. 求由曲线 $y=\mathrm{e}^x, y=\mathrm{e}^{-x}$ 和 $x=1$ 所围成图形的面积.

4. 某平面图形由 $y=x^2$ 和 $x=y^2$ 围成，试求该图形绕 x 轴旋转所成的旋转体的体积.

5. 设平面图形由 $y=1-x^2$ 和 $y=0$ 围成，试求该图形

（1）绕 x 轴旋转所成的旋转体的体积；

（2）绕 y 轴旋转所成的旋转体的体积.

6. 设平面图形由椭圆 $\frac{x^2}{a^2}+\frac{y^2}{b^2}=1$ 围成，试求该图形绕 x 轴旋转所成的旋转体的体积.

7. 设平面图形由 $y=\sin x(0\leqslant x\leqslant \pi)$ 和 $y=0$ 围成，分别求图形绕 x 轴和 y 轴旋转所成的旋转体的体积.

第七章　多元函数微分学

7.1　空间解析几何基础知识

一、填空题.

1. 以原点为球心,且过点 $P(1,1,1)$ 的球面方程是__________.

2. 球面 $x^2+y^2+z^2-2x+2y-1=0$ 的球心坐标为________,半径为________.

3. 方程 $y^2=z$ 表示的曲面是母线平行于________轴的柱面.

4. 方程 $y=x+1$ 在平面直角坐标系中表示________,在空间直角坐标系中表示________.

二、选择题.

1. 平面 $x-2z=0$ 的位置是(　　　　).

A. 平行于 xOz 坐标面　　B. 平行于 Oy 轴

C. 垂直于 Oy 轴　　D. 通过 Oy 轴

2. 下列平面中通过坐标原点的平面是(　　　　).

A. $x=1$　　B. $x+2z+3y+4=0$

C. $3(x-1)-y+(z+3)=0$　　D. $x+y+z=1$

3. 方程 $x=2$ 在空间表示(　　　　).

A. yOz 面　　B. 一个点　　C. 一条直线　　D. 与 yOz 面平行的平面

4. 下列方程中母线平行 Oy 轴的双曲柱面是(　　　　).

A. $x^2-y^2=1$　　B. $x^2+z^2=1$　　C. $x^2+z=1$　　D. $xz=1$

5. 曲面 $z=2x^2+2y^2$ 称为(　　　　)

A. 椭球面　　B. 圆锥面　　C. 旋转抛物面　　D. 旋转椭圆面

三、计算题.

1. 已知两点 $A(1,2,0)$,$B(0,-1,2)$,点 P 满足条件 $2|\overrightarrow{PA}|=|\overrightarrow{PB}|$,求点 P 的轨迹方程.

2. 下列方程在空间中表示什么曲线：

（1）$\begin{cases} z^2 = x^2 + y^2, \\ y = 2; \end{cases}$　　（2）$\begin{cases} x^2 + y^2 + 9z^2 = 36, \\ z = 0. \end{cases}$

3. 设 $A(4,-7,1)$，$B(6,2,z)$，它们之间的距离为 $|AB| = 11$，求点 B 的未知坐标 z.

7.2　多元函数的概念

一、填空题.

1. 在 xOy 面上,原点为 $O(0,0)$,δ 是某一正数,则用集合表示邻域 $U(O,\delta)$ 应为____________.
2. 连通的开集称为____________,简称为__________.
3. 区域 D 连同它的边界组成的集合,称为____________.
4. 已知 $f(x,y)=xy+\dfrac{x}{y}$,则 $f\left(\dfrac{1}{2},\dfrac{1}{3}\right)=$________,$f(x+y,1)=$________.
5. 设 $f(x,y)=x^2+y^2$,则 $f(\sin(x+y),\mathrm{e}^{xy})=$__________________.
6. 设 $f(u,v)=u^2+v^2$,则 $f(\sqrt{xy},x+y)=$____________________.
7. 设 $z=x^3+\sqrt{1+y^2}$,则 $z\big|_{(\sqrt{2},1)}=$____________.
8. $\lim\limits_{\substack{x\to0\\y\to0}}\dfrac{xy}{\sqrt{1+xy}-1}=$__________.

二、求下列函数的定义域,并画出定义域的图形.

1. $z=\ln(x-y)$;

2. $z=\sqrt{1-x^2-y^2}$;

3. $z=\sqrt{x^2-4}+\sqrt{4-y^2}$;

4. $z=\ln(1-x^2-y^2)+\sqrt{4x-y^2}$;

5. $z=\arcsin\dfrac{x}{3}+\sqrt{xy}$.

7.3 偏 导 数

一、填空题.

1. 设 $f_x(x_0,y_0)=2$，则 $\lim\limits_{\Delta x\to 0}\dfrac{f(x_0-\Delta x,y_0)-f(x_0,y_0)}{\Delta x}=$ ________.

2. 设 $z=x^2+y^2$，则 $\dfrac{\partial z}{\partial x}=$ ________，$\dfrac{\partial z}{\partial y}=$ ________.

3. 设 $f(x,y)=x+y-\sqrt{x^2+y^2}$，则 $f_x(3,4)=$ ________.

4. 设 $z=x\ln(x+y)$，则 $\dfrac{\partial z}{\partial x}=$ ________，$\dfrac{\partial^2 z}{\partial x\partial y}=$ ________.

二、求下列函数的一阶偏导数.

1. $z=\sin(xy)+(xy)^2$；

2. $z=\arcsin(xy)+y^2$；

3. $z=e^x\sin y$；

4. $z=x^{ay}$（其中 a 为常数）；

5. $z=\tan\dfrac{x}{y}$；

6. $f(x,y)=e^{-y}\sin(2x+y)$；

7. $z=\dfrac{x-y}{x+y}$；

8. $z=\ln\sqrt{x^2+y^2}$.

三、求下列函数的二阶偏导数.

1. $z=x^3+3x^2y+y^4+2$；　　　　2. $z=\sin(ax+by)\ (ab\neq 0)$.

四、设 $z=\mathrm{e}^{-\left(\frac{1}{x}+\frac{1}{y}\right)}$，求证：$x^2\dfrac{\partial z}{\partial x}+y^2\dfrac{\partial z}{\partial y}=2z$.

五、设 $r=\sqrt{x^2+y^2+z^2}$，求证：$\dfrac{\partial^2 r}{\partial x^2}+\dfrac{\partial^2 r}{\partial y^2}+\dfrac{\partial^2 r}{\partial z^2}=\dfrac{2}{r}$.

7.4 全 微 分

一、判断题.

1. 若函数$f(x,y)$在点(x_0,y_0)处的两个偏导数$f_x(x_0,y_0)$，$f_y(x_0,y_0)$存在，则$f(x,y)$在(x_0,y_0)连续. (　　)

2. 若函数$f(x,y)$在点(x_0,y_0)处的两个偏导数$f_x(x_0,y_0)$，$f_y(x_0,y_0)$存在且连续，则$f(x,y)$在(x_0,y_0)可微. (　　)

3. 若函数$f(x,y)$在点(x_0,y_0)可微，则$f(x,y)$在点(x_0,y_0)必然连续. (　　)

4. 若函数$f(x,y)$在点(x_0,y_0)可微，则$f_x(x_0,y_0)$，$f_y(x_0,y_0)$不一定存在. (　　)

二、填空题.

1. 设$z=xy+\dfrac{x}{y}$，则$dz=$____________.

2. 设$f(x,y)=x^2y^3$，则$df\Big|_{\substack{x=1\\y=-2}}=$____________.

3. 设$z=xy$，$x=1$，$y=1$，$\Delta x=0.2$，$\Delta y=0.3$，则$\Delta z=$______，$dz=$______.

三、求下列函数的全微分.

1. $z=e^{y(x^2+y^2)}$；

2. $z=\ln(3x-2y)$；

3. $z=\cos(x^2+y^3)$；

4. $z=y^{\sin x}$.

7.5　多元复合函数与隐函数微分法

一、填空题.

1. 设 $z=e^{x-2y}$，而 $x=\sin t, y=t^3$，则$\dfrac{dz}{dt}=$____________________.

2. 设 $x^2+y^2+z^2=1$，则$\dfrac{\partial z}{\partial x}=$__________，$\dfrac{\partial z}{\partial y}=$__________，$dz=$____________.

3. 设 $z=\arctan(xy)$，而 $y=e^x$，则$\dfrac{dz}{dx}=$____________.

4. 设 $z=f(x^2+2y)$，f 具有一阶偏导数，则$\dfrac{\partial z}{\partial x}=$__________，$\dfrac{\partial z}{\partial y}=$____________.

二、计算题.

1. 设 $z=x^2y$，而 $x=\cos t, y=\sin t$，求$\dfrac{dz}{dt}$.

2. 设 $z=\ln(e^u+v)$，而 $u=xy, v=x^2-y^2$，求$\dfrac{\partial z}{\partial x},\dfrac{\partial z}{\partial y}$.

3. 设 $z=e^u\sin v$，而 $u=x^2, v=\dfrac{y}{x}$，求$\dfrac{\partial z}{\partial x},\dfrac{\partial z}{\partial y}$.

4. 设 $\ln\sqrt{x^2+y^2}=\arctan\frac{y}{x}$,求$\frac{\mathrm{d}y}{\mathrm{d}x}$.

三、证明题.

1. 设 $2\sin(x+2y-3z)=x+2y-3z$,求证:$\frac{\partial z}{\partial x}+\frac{\partial z}{\partial y}=1$.

2. 设 $z=xy+xF(u)$,而 $u=\frac{y}{x}$,其中 $F(u)$为可导函数,求证: $x\frac{\partial z}{\partial x}+y\frac{\partial z}{\partial y}=z+xy$.

7.6　多元函数的极值与最值

一、求函数 $f(x,y)=x^3-y^3+3x^2+3y^2-9x$ 的极值.

二、求表面积为 a^2 时体积最大的长方体的体积.

三、设某工厂生产甲、乙两种产品，产量分别为 x 和 y（单位：千件），利润函数为 $L(x,y)=8x-x^2+16y-4y^2-2$（单位：万元），已知生产这两种产品时，每千件产品需消耗某种原料 2 000 kg. 现有该原料 18 000 kg，问两种产品各生产多少时总利润最大？最大利润为多少？

四、在平面 $3x+4y-z=26$ 上求一点 M，使它与坐标原点的距离最短，并求出 M 点的坐标.

第八章 二 重 积 分

8.1 二重积分的概念

一、选择题.

1. 设 D 是矩形闭区域：$|x|\leqslant 2,|y|\leqslant 1$，则 $\iint\limits_D \mathrm{d}x\mathrm{d}y=($ $)$.

A. 8　　B. 4　　C. 2　　D. −4

2. 设 D 是由 $\{(x,y)\mid x^2+y^2\leqslant 2\}$ 所确定的闭区域，则 $\iint\limits_D \mathrm{d}x\mathrm{d}y=($ $)$.

A. 2π　　B. $4\pi^2$　　C. 4π　　D. 16π

3. 设 D 是由 $\{(x,y)\mid 1\leqslant x^2+y^2\leqslant 9\}$ 所确定的闭区域，则 $\iint\limits_D \mathrm{d}x\mathrm{d}y=($ $)$.

A. 9π　　B. 2π　　C. 4π　　D. 8π

4. 设 D 是由直线 $y=x,y=\frac{1}{2}x,y=2$ 所围成的闭区域，则 $\iint\limits_D \mathrm{d}x\mathrm{d}y=($ $)$.

A. 0.25　　B. 1　　C. 0.5　　D. 2

5. 设 D 是由直线 $y=1,y=0,x=1,x=0$ 所围成的闭区域，则 $\iint\limits_D \mathrm{d}x\mathrm{d}y=($ $)$.

A. 0.25　　B. 2　　C. 1　　D. 0.5

二、填空题.

1. 当函数 $f(x,y)$ 在闭区域 D 上________时，则其在 D 上的二重积分必定存在.

2. 二重积分 $\iint\limits_D f(x,y)\mathrm{d}\sigma$ 的几何意义是________________.

3. 若函数 $f(x,y)$ 在有界闭区域 D 上可积，且 $D\supset D_1\supset D_2$，则当 $f(x,y)\geqslant 0$ 时，有 $\iint\limits_{D_1} f(x,y)\mathrm{d}\sigma$ ________ $\iint\limits_{D_2} f(x,y)\mathrm{d}\sigma$.

4. 设有圆面薄片，在 xOy 面所占闭区域 $D=\{(x,y)\mid x^2+y^2\leqslant 9\}$，面密度 $\rho=1$，则其质量 $M=\iint\limits_D \rho\,\mathrm{d}x\mathrm{d}y=$________.

三、试用二重积分表示半球 $x^2+y^2+z^2\leqslant 1,z\geqslant 0$ 的体积 V.

8.2 二重积分的计算

一、填空题.

1. 设 $D:0\leqslant x\leqslant 1,0\leqslant y\leqslant 1$,则 $\iint\limits_D e^{x+y}\mathrm{d}x\mathrm{d}y=$____________.

2. 设 D 是由曲线 $y=x^2$ 和直线 $y=x$ 所围成的闭区域,则 $\iint\limits_D xy\mathrm{d}x\mathrm{d}y=$____________.

3. 设 D 是由直线 $x+y=2$,直线 $y=x$ 及 x 轴所围成的闭区域,则 $\iint\limits_D y\mathrm{d}x\mathrm{d}y=$____________.

4. 交换二次积分 $I=\int_0^1\mathrm{d}x\int_x^1 f(x,y)\mathrm{d}y$ 的积分次序,则 $I=$________________.

二、计算下列二重积分.

1. $\iint\limits_D (x+2y)\mathrm{d}\sigma$,其中 D 是由 $x=0,y=0$ 及直线 $x+y=2$ 所围成的闭区域.

2. $\iint\limits_D xy\mathrm{d}\sigma$,其中 D 是由抛物线 $y^2=x$ 及直线 $x-y=2$ 所围成的闭区域.

3. $\iint\limits_D xy\mathrm{d}\sigma$,其中 D 是由直线 $y=1,x=2$ 及直线 $y=x$ 所围成的闭区域.

4. $\iint\limits_D \frac{\cos y}{y}\mathrm{d}x\mathrm{d}y$,其中 D 是由抛物线 $y=\sqrt{x}$ 及直线 $y=1,x=0$ 所围成的闭区域.

5. $\iint\limits_D (4-x^2)\,\mathrm{d}x\mathrm{d}y$,其中 D 是由直线 $x=0,y=0$ 及直线 $2x+y=4$ 所围成的闭区域.

三、交换下列二次积分的积分次序.

1. $\int_0^1 \mathrm{d}x \int_0^x f(x,y)\,\mathrm{d}y$;

2. $\int_0^2 \mathrm{d}y \int_{y^2}^{2y} f(x,y)\,\mathrm{d}x$.

四、化二重积分 $I=\iint\limits_D f(x,y)\,\mathrm{d}\sigma$ 为极坐标系下的二次积分,其中:

1. $D: a^2 \leqslant x^2+y^2 \leqslant b^2$,且 $0<a<b$;

2. $D: 0 \leqslant y \leqslant 1-x, 0 \leqslant x \leqslant 1$.

五、画出下列积分区域 D,并用极坐标形式求积分.

1. $\iint\limits_D (x^2+y^2)\,\mathrm{d}x\mathrm{d}y$,其中 $D: x^2+y^2 \leqslant 4$.

2. $\iint\limits_D \ln(1+x^2+y^2)\,\mathrm{d}\sigma$,其中 $D: x^2+y^2 \leqslant 1, x \geqslant 0, y \geqslant 0$.

第九章 无穷级数

9.1 常数项级数的概念与性质

一、写出下列级数的通项.

1. $\frac{1}{1\cdot 3^2}+\frac{1}{3\cdot 5^2}+\frac{1}{5\cdot 7^2}+\frac{1}{7\cdot 9^2}+\cdots$;

2. $x-\frac{x^2}{2}+\frac{x^3}{3}-\frac{x^4}{4}+\cdots$.

二、根据定义,判断下列级数的敛散性.

1. $\sum\limits_{n=1}^{\infty}\frac{1}{(2n-1)(2n+1)}$;

2. $\sum\limits_{n=1}^{\infty}\frac{1}{\sqrt{n+1}+\sqrt{n}}$;

3. $\sum\limits_{n=1}^{\infty}\frac{(-1)^{n-1}}{2^n}$;

4. $\sum\limits_{n=1}^{\infty}(2n+1)$.

三、用适当的方法判定下列级数的敛散性.

1. $\sum_{n=1}^{\infty} \frac{2^n}{3^n}$;

2. $\sum_{n=1}^{\infty} \left(\frac{1+n}{n}\right)^n$;

3. $\sum_{n=1}^{\infty} \frac{1}{2n}$;

4. $\sum_{n=1}^{\infty} \frac{1}{n(n+2)}$.

9.2　正项级数敛散性的判别

一、用比较法判定下列级数的敛散性.

1. $\sum\limits_{n=1}^{\infty} \dfrac{1}{n\sqrt{n+1}}$;

2. $\sum\limits_{n=1}^{\infty} \sin \dfrac{\pi}{4^n}$;

3. $\sum\limits_{n=1}^{\infty} \dfrac{n+1}{n(n+2)}$;

4. $\sum\limits_{n=1}^{\infty} \dfrac{1}{n5^{n-1}}$.

二、用比值法判定下列级数的敛散性.

1. $\sum\limits_{n=1}^{\infty} \dfrac{2n-1}{2^n}$;

2. $\sum\limits_{n=1}^{\infty} \dfrac{1}{n!}$;

3. $\sum\limits_{n=1}^{\infty} \dfrac{n!}{n^n}$;

4. $\sum\limits_{n=1}^{\infty} \dfrac{n!}{2^n+1}$.

三、用适当的方法判定下列级数的敛散性.

1. $\sum_{n=1}^{\infty}\sqrt{\frac{n}{n+1}}$;

2. $\sum_{n=1}^{\infty}\frac{2^n}{1+3^n}$;

3. $\sum_{n=1}^{\infty}\frac{n\cos^2\frac{n\pi}{3}}{2^n}$.

9.3　任意项级数敛散性的判别

一、选择题.

1. 对于级数 $\sum_{n=1}^{\infty}(-1)^n\frac{1}{n^p}$,以下结论正确的是(　　　　).

A. 当 $p>1$ 时级数条件收敛　　B. 当 $p>1$ 时级数绝对收敛

C. 当 $0<p\leqslant 1$ 时级数绝对收敛　　D. 当 $0<p\leqslant 1$ 时级数发散

2. 设 $\sum_{n=1}^{\infty}v_n$ 为正项级数,k 为正常数,以下命题正确的是(　　　　).

A. 若 $\sum_{n=1}^{\infty}v_n$ 收敛,$|u_n|\geqslant kv_n$,则 $\sum_{n=1}^{\infty}u_n$ 条件收敛

B. 若 $\sum_{n=1}^{\infty}v_n$ 收敛,$|u_n|\leqslant kv_n$,则 $\sum_{n=1}^{\infty}u_n$ 绝对收敛

C. 若 $\sum_{n=1}^{\infty}v_n$ 发散,$|u_n|\geqslant kv_n$,则 $\sum_{n=1}^{\infty}u_n$ 条件收敛

D. 若 $\sum_{n=1}^{\infty}v_n$ 发散,$|u_n|\geqslant kv_n$,则 $\sum_{n=1}^{\infty}u_n$ 发散

3. 下列级数条件收敛的是(　　　　).

A. $\sum_{n=1}^{\infty}(-1)^{n-1}\frac{1}{\sqrt{n}}$　　B. $\sum_{n=1}^{\infty}(-1)^{n-1}\left(\frac{2}{5}\right)^n$

C. $\sum_{n=1}^{\infty}\frac{(-1)^{n-1}}{n(n+1)}$　　D. $\sum_{n=1}^{\infty}(-1)^{n-1}\frac{1}{\sqrt{2n^3+1}}$

4. 下列级数绝对收敛的是(　　　　).

A. $\sum_{n=1}^{\infty}(-1)^{n-1}\frac{1}{n}$　　B. $\sum_{n=1}^{\infty}(-1)^{n-1}\frac{1}{2^n}$

C. $\sum_{n=1}^{\infty}(-1)^{n-1}\frac{n+1}{2n-1}$　　D. $\sum_{n=1}^{\infty}(-1)^{n-1}\frac{n}{\sqrt{2n^2-1}}$

二、判断下列级数的敛散性,若级数收敛,指出是绝对收敛还是条件收敛.

1. $1-\frac{1}{\sqrt{2}}+\frac{1}{\sqrt{3}}-\frac{1}{\sqrt{4}}+\cdots$;

2. $\frac{1}{1\cdot 3}-\frac{1}{3\cdot 5}+\frac{1}{5\cdot 7}-\frac{1}{7\cdot 9}+\cdots$；

3. $1-\frac{2}{3}+\frac{3}{3^{2}}-\frac{4}{3^{3}}+\cdots$；

4. $\frac{1}{1\cdot 2}-\frac{1}{3\cdot 2^{3}}+\frac{1}{5\cdot 2^{5}}-\frac{1}{7\cdot 2^{7}}+\cdots$.

9.4　幂　级　数

一、选择题.

1. 若幂级数 $\sum_{n=0}^{\infty} a_n x^n$ 的收敛半径为 R,则幂级数 $\sum_{n=0}^{\infty} a_n (x-2)^n$ 的收敛区间为(　　　　).

A. $(-R,R)$　　B. $(1-R,1+R)$　　C. $(-\infty,+\infty)$　　D. $(2-R,2+R)$

2. 若幂级数 $\sum_{n=0}^{\infty} a_n x^n$ 的收敛半径为 R,则幂级数 $\sum_{n=0}^{\infty} a_n x^{3n}$ 的收敛区间为(　　　　)

A. $(-R,R)$　　B. $(-R^3,R^3)$　　C. $(-\sqrt{R},\sqrt{R})$　　D. $(-\sqrt[3]{R},\sqrt[3]{R})$

二、求下列幂级数的收敛域.

1. $\sum_{n=1}^{\infty} \frac{x^n}{2n-1}$;

2. $\sum_{n=0}^{\infty} x^n \frac{3^n}{n!}$;

3. $\sum_{n=1}^{\infty} \frac{1}{4^n} x^{2n-1}$;

4. $\sum_{n=1}^{\infty} \frac{2^n}{n} (x-1)^n$.

9.5 函数的幂级数展开

一、求下列级数的收敛域以及它们在收敛域内的和函数 $S(x)$.

1. $\sum_{n=1}^{\infty}\frac{(-1)^{n-1}}{n}x^{n}$;

2. $\sum_{n=1}^{\infty}nx^{n-1}$.

二、利用间接展开法将下列函数展开成麦克劳林级数.

1. $y=\ln(4+x)$;

2. $y=\sin^{2}x$;

3. $y=\frac{1}{3-x}$;

4. $y=\frac{1}{(1-x)^{2}}$.

三、将 $y=\ln(1+x)$ 在 $x=2$ 处展开成幂级数.

第十章　微分方程初步

10.1　微分方程的基本概念

一、选择题.

1. 微分方程 $y''+(y')^3+2x=0$ 的阶数是(　　　　).

A. 1　　B. 2　　C. 3　　D. 0

2. 下列方程中是一阶线性微分方程的是(　　　　).

A. $y'+2y+2x=0$　　B. $y'+y''+2x=0$

C. $\frac{d^2y}{dx^2}+2xy=0$　　D. $y'+(y'')^2+2x=0$

3. 方程 $y'''+y'+2x=0$ 的通解中,应包含相互独立的任意常数的个数是(　　　　).

A. 2　　B. 3　　C. 1　　D. 0

4. 方程 $2y\mathrm{d}y-\mathrm{d}x=0$ 的通解是(　　　　).

A. $y^2-x=c$　　B. $y-\sqrt{x}=c$　　C. $y^2=x$　　D. $y=-x+c$

5. 函数 $y=\cos\omega t+c\sin\omega t$ 是微分方程 $\frac{d^2y}{dt^2}+\omega^2y=0$ 的(　　　　).

A. 通解　　B. 特解　　C. 解　　D. 不是解

二、填空题.

1. 指出下列微分方程的阶数:

(1) $(y'')^2+5(y')^4-5y^5+x^7=0$,阶数为(　　　　).

(2) $(x^2-y^2)\mathrm{d}x+(x^2+y^2)\mathrm{d}y=0$,阶数为(　　　　).

(3) $L\frac{d^2Q}{dt^2}+R\frac{dQ}{dt}+\frac{Q}{c}=0$,阶数为(　　　　).

(4) $P(x)y^{(4)}+Q(x)y''+R(x)y=f(x)$,阶数为(　　　　).

2. 微分方程的阶数与方程通解中的任意常数的个数是(　　　　)的关系.

三、验证下列函数(C 为任意常数)是否为相应的微分方程的解,是通解还是特解.

1. $xy'=2y,y=Cx^2,y=3x^2$;

2. $y''=-y, y=\sin x, y=3\sin x-4\cos x$;

3. $y'=2y, y=e^{x}, y=Ce^{2x}$;

4. $y''+y=0, y=C_1\sin x+C_2\cos x$.

四、已知曲线通过点(1,2),且在该曲线上任意点$P(x,y)$处的切线斜率为$3x^2$,求此曲线方程.

10.2　最简单的微分方程

一、选择题.

1. 微分方程 $xy'+3y=0$ 的通解是(　　　　).

A. $y=x^{-3}$　　B. $y=Cxe^{x}$　　C. $y=x^{-3}+C$　　D. $y=Cx^{-3}$

2. 微分方程 $x\mathrm{d}y+\mathrm{d}x=e^{y}\mathrm{d}x$ 的通解是(　　　　).

A. $y=Cxe^{x}$　　B. $y=xe^{x}+C$　　C. $y=-\ln(1-Cx)$　　D. $y=-\ln(1+x)+C$

3. 微分方程 $\sin x\cos y\mathrm{d}x=\cos x\sin y\mathrm{d}y$ 满足 $y\big|_{x=0}=\dfrac{\pi}{4}$ 的特解是(　　　　).

A. $\sin y=\dfrac{\sqrt{2}}{2}\sin x$　　B. $\cos y=\dfrac{\sqrt{2}}{2}\cos x$

C. $\sin y=\dfrac{\sqrt{2}}{2}\cos x$　　D. $\cos y=\dfrac{\sqrt{2}}{2}\sin x$

4. 微分方程 $x\mathrm{d}y-y\mathrm{d}x=0$ 的通解是(　　　　).

A. $y=cx$　　B. $y=\dfrac{C}{x}$　　C. $y=Ce^{x}$　　D. $y=C\ln x$

5. 微分方程 $x\mathrm{d}y=y\ln y\mathrm{d}x$ 的一个解是(　　　　).

A. $y=\ln x$　　B. $y=\sin x$　　C. $y=e^{x}$　　D. $\ln^{2}y=x$

二、计算题.

1. 求下列微分方程的通解：

(1) $\mathrm{d}y-\sqrt{y}\,\mathrm{d}x=0$；　　(2) $x\ln x\cdot y'-y=0$；

(3) $x(y^{2}-1)\mathrm{d}x+y(x^{2}-1)\mathrm{d}y=0$；　　(4) $xy'-y\ln y=0$.

2. 求下列微分方程满足所给初始条件的特解：

（1）$y'\sin x=y\ln y, y\big|_{x=\frac{\pi}{2}}=\mathrm{e}$；

（2）$\sqrt{1-x^2}\,y'=x, y\big|_{x=0}=0$；

（3）$y'=\mathrm{e}^{2x-y}, y\big|_{x=0}=0$.

3. 求微分方程$\dfrac{\mathrm{d}y}{\mathrm{d}x}=\dfrac{x(1+y^2)}{y(1+x^2)}$满足初始条件 $y(0)=1$ 的特解.

4. 求方程$\sqrt{1-y^2}=3x^2yy'$的通解.

10.3　一阶线性微分方程

一、选择题.

1. 下列方程中,是一阶线性微分方程的是(　　　　).

A. $y''+(y')^2+2x=0$　　B. $y'+y+2x=0$

C. $y'+(y')^2+2x=0$　　D. $y'+(y)^2+2x=0$

2. 微分方程 $y'=x^2$ 的通解是(　　　　).

A. $y=\frac{1}{x}$　　B. $y=\frac{x^3}{3}+C$

C. $y=\frac{x^3}{3}$　　D. $y=2x+C$

3. 微分方程 $y'=\sin x$ 的通解是(　　　　).

A. $y=\cos x$　　B. $y=-\cos x$

C. $y=\cos x+C$　　D. $y=-\cos x+C$

二、判别下列微分方程属于何种类型.

1. $y^2\sin x\mathrm{d}x+x\mathrm{d}y=0$;　　2. $\frac{\mathrm{d}y}{\mathrm{d}t}+3y=\mathrm{e}^{2t}$;

3. $\mathrm{d}t=\frac{\mathrm{d}s}{s+t^2}$;　　4. $(x+1)y'-3y=\mathrm{e}^x(1+x)^4$.

三、填空题.

1. 一阶线性齐次微分方程 $y'+p(x)y=0$ 的通解为____________.

2. 一阶线性非齐次微分方程的通解等于对应的齐次微分方程的通解与其本身的一个________的和.

3. 一阶线性非齐次微分方程 $y'+p(x)y=q(x)$ 的通解为__________.

四、计算题.

1. 求下列微分方程的通解：

（1）$y'+2y=1$；

（2）$y'-\dfrac{2}{x+1}y=(x+1)^2$；

（3）$x^2\mathrm{d}y+(2xy-x^2)\mathrm{d}x=0$；

（4）$\dfrac{\mathrm{d}y}{\mathrm{d}x}+y=\mathrm{e}^{-x}$；

（5）$\dfrac{\mathrm{d}y}{\mathrm{d}x}-3xy=2x$；

（6）$(x^2+1)y'+2xy-\cos x=0$；

（7）$xy'-2y=x+1$.

2. 求下列微分方程满足所给初始条件的特解：

（1）$(x-2)\dfrac{\mathrm{d}y}{\mathrm{d}x}=y+2(x-2)^3, y|_{x=1}=0$；

（2）$y'+y\cos x=\mathrm{e}^{-\sin x}, y\big|_{x=0}=0$；

（3）$\dfrac{\mathrm{d}y}{\mathrm{d}x}-y\tan x=\sec x, y\big|_{x=0}=0$.

3. 设一曲线过原点，且在点(x,y)处斜率等于$2x+y$，求此曲线方程.

10.4　二阶常系数线性微分方程

一、选择题.

1. 方程$\frac{d^2y}{dx^2}-\frac{9}{4}x=0$的通解是(　　　　).

A. $y=\frac{3}{8}x^3+x$　　　　B. $y=\frac{3}{8}x^3+Cx$

C. $y=\frac{3}{8}x^3+C_1x+C_2$　　　　D. $y=\frac{3}{8}x^3+x+C$.

2. 下列函数中,是微分方程$\frac{d^2y}{dx^2}-e^x=0$解的是(　　　　).

A. $y=\ln(1-x)$　　B. $y=-\ln(1-x)$　　C. $e^{-x}=x-1$　　D. $y=e^x+x$

3. 函数$y=\cos x$是方程(　　　　)的解.

A. $y''+y=0$　　B. $y'+2y=0$　　C. $y'+y=0$　　D. $y''+y=\cos x$

二、填空题.

1. 微分方程$y''-4y'-5y=0$的通解是________________.

2. 微分方程$y''-4y'=0$的通解是________________.

3. 微分方程$\frac{d^2x}{dt^2}-4\frac{dx}{dt}+5x=0$的通解是________________.

4. 微分方程$4y''+4y'+y=0$满足$y(0)=2,y'(0)=0$的特解是________________.

5. 微分方程$y''-4y'+3y=0$满足$y(0)=6,y'(0)=0$的特解是________________.

三、计算题.

1. 求下列微分方程的通解:

(1) $y''+3y'+2y=0$;　　　　(2) $3y''-2y'-8y=0$;

(3) $y''+2y'+y=0$;　　　　(4) $9y''-6y'+y=0$;

（5）$y''+2y'+3y=0$；　　（6）$4y''-8y'+5y=0$.

2. 试讨论 k 的取值范围，以确定微分方程 $y''-ky'+2y=0$ 的通解（k 为实常数）.

四、求下列微分方程的通解.

1. $y''-2y'+2y=12x^2+2$；

2. $y''-2y'-3y=\mathrm{e}^{-x}$.

微积分(上)综合测试(第一—五章)

综合测试(一)

一、填空题(每题 3 分,共 15 分)

1. $\lim\limits_{x\to 0}(1+3x)^{\frac{2}{\sin x}}=$________.

2. $\lim\limits_{n\to\infty}\left[\dfrac{1}{1\cdot 2}+\dfrac{1}{2\cdot 3}+\dfrac{1}{3\cdot 4}\cdots\dfrac{1}{(n-1)\cdot n}\right]=$________.

3. 若 $f'(3)=2$,则 $\lim\limits_{h\to 0}\dfrac{f(3-2h)-f(3)}{h}=$________.

4. $y=\dfrac{x^2}{x+1}$的垂直渐近线是________.

5. 某商品的需求函数为 $Q=600-15p$,则需求弹性 $\eta(20)=$________.

二、选择题(每题 3 分,共 15 分)

1. 若 $f(x)=\dfrac{(x-1)^2}{x^2-1}$,$g(x)=\dfrac{x-1}{x+1}$,则(　　).

A. $f(x)=g(x)$　　B. $\lim\limits_{x\to 1}f(x)=g(x)$

C. $\lim\limits_{x\to 1}f(x)=\lim\limits_{x\to 1}g(x)$　　D. 以上等式都不成立

2. 若 $f'(x_0)=0$,则 $f''(x_0)>0$ 是函数 $y=f(x)$ 在点 x_0 处有极值的(　　).

A. 充分不必要条件　　B. 充要条件

C. 必要不充分条件　　D. 无关条件

3. 设 $\lim\limits_{x\to\infty}\left(\dfrac{x^2}{x+1}-ax-b\right)=0$,则(　　).

A. $a=1,b=1$　　B. $a=-1,b=1$　　C. $a=1,b=-1$　　D. $a=-1,b=-1$

4. 设函数 $f(x)=\dfrac{x^2-1}{(x-1)x}$,则 $x=1$ 是 $f(x)$ 的(　　).

A. 连续点　　B. 可去间断点

C. 跳跃间断点　　D. 无穷间断点

5. 若 $f(x)=ax^2+bx$ 在点 $x=1$ 处取得最大值 2,则 a,b 的值为(　　).

A. $a=2,b=-4$　　B. $a=-2,b=4$

C. $a=4,b=-2$　　D. $a=-4,b=2$

三、计算题（每题 8 分，共 48 分）

1. 计算 $\lim\limits_{x\to 0}\dfrac{\tan x-\sin x}{x\sin^2 x}$.

2. 计算 $\lim\limits_{x\to 1}\left(\dfrac{1}{x-1}-\dfrac{1}{\ln x}\right)$.

3. 已知 $y=x\cdot\arcsin\dfrac{x}{2}+\sqrt{4-x^2}$，求 y'，y''.

4. 已知 $y=\sqrt{\dfrac{(x-1)(x-2)}{(x-3)(x-4)}}$，求 $\mathrm{d}y$.

5. 求曲线 $1+\sin(x+y)=e^{xy}$ 在点(0,0)处的切线方程.

6. 已知函数 $f(x)=\begin{cases} x^2\sin\frac{1}{x}, & x>0, \\ ax+b, & x\leqslant 0 \end{cases}$ 在 $x=0$ 处可导,求 a,b 的值,并求 $f'(0)$ 的值.

四、应用题(每题 8 分,共 16 分)

1. 设某产品以每件 500 元的价格出售 x 件,所获得的利润(单位:元)为 $L(x)=300x-\frac{x^2}{40}-25\ 000$,求平均成本最小时的产量及利润.(提示:总成本=总收益-总利润.)

2. 求函数 $y=3x^4-4x^3+1$ 的极值、凹凸区间及拐点.

五、证明题(6分)

证明不等式:$\ln(1+x)>x-\frac{1}{2}x^2(x>0)$.

综合测试(二)

一、填空题(每题 3 分,共 15 分)

1. $\lim\limits_{x\to 0}(1-2x)^{\frac{1}{3x}}=$______________.

2. $d(\tan 2x)=$__________________.

3. $\int \ln x\mathrm{d}x=$__________________.

4. 曲线 $y=\dfrac{1}{x}\ln(1+x)$ 的水平渐近线为____________________.

5. 曲线 $y=\dfrac{1}{x^2}$在点$(-1,1)$处的切线方程为__________________.

二、选择题(每题 3 分,共 15 分)

1. $f(x)$在 $x=x_0$ 处有定义是$\lim\limits_{x\to x_0}f(x)$存在的(　　　　).

A. 充分条件　　B. 必要条件

C. 充要条件　　D. 既非充分又非必要条件

2. 函数 $f(x)=\begin{cases}x\sin\dfrac{1}{x}, & x\neq 0,\\ 0, & x=0\end{cases}$在 $x=0$ 处(　　　　).

A. 连续且可导　　B. 连续但不可导

C. 不连续　　D. 以上都不是

3. 点$(0,1)$是曲线 $f(x)=ax^3+bx^2+c$ 的拐点,则(　　　　).

A. $a\neq 0, b=0, c=1$　　B. a 为任意实数 $b=0, c=1$

C. $a=1, b=1, c=0$　　D. $a=-1, b=2, c=1$

4. 设函数 $f(x)=\dfrac{1-x^2}{1+x}$,则 $x=-1$ 是 $f(x)$的　(　　　　).

A. 连续点　　B. 可去间断点

C. 跳跃间断点　　D. 无穷间断点

5. 下列等式中,正确的是(　　　　).

A. $\int f'(x)\mathrm{d}x=f(x)$　　B. $\mathrm{d}\left(\int f(x)\mathrm{d}x\right)=f(x)$

C. $\left(\int f(x)\mathrm{d}x\right)'=f(x)$　　D. $\int \mathrm{d}f(x)=f(x)$

三、计算题(每题 7 分,共 42 分)

1. 计算 $\lim\limits_{x\to 0^+}\dfrac{\ln\sin 2x}{\ln\sin 5x}$.

2. 计算$\lim\limits_{x\to 1}\left(\dfrac{x}{x-1}-\dfrac{1}{\ln x}\right)$.

3. 已知 $y=\ln\sqrt{1-x^2}$,求 y',y''.

4. 已知 $y=y(x)$是由方程 $\sin(xy)=x+y^2$ 所确定的函数,求$\dfrac{\mathrm{d}y}{\mathrm{d}x}$.

5. 计算 $\int \frac{x}{\sqrt{2-x^2}}\mathrm{d}x$.

6. 计算 $\int \frac{1}{\sqrt{x+2}+1}\mathrm{d}x$.

四、应用题(第 1 题 12 分,第 2 题 10 分,共 22 分)

1. 已知某产品的总成本函数为 $C(x)=0.1x^2+10x+1\ 000$,需求函数为 $p=\frac{1}{5}(350-x)$,其中 p 为单位产品售价(单位:元),x 为需求量(即销售量)(单位:件).

(1) 求总利润函数;

(2) 求边际利润函数;

(3) 分别求出 $x=70,100,150$ 时的边际利润,并解释所得结果的经济意义.

2. 一个无盖的圆柱形大桶,已规定体积为 8 m^3,要使其表面积最小,问桶的底面半径及高各是多少?

五、证明题(6 分)

证明不等式:$\ln\sqrt{x}>\frac{x-1}{x+1}\quad(x>1)$.

微积分(下)综合测试(第六—十章)

综合测试(一)

一、填空题(每题 3 分,共 15 分)

1. $\lim\limits_{x\to 0}\dfrac{\int_0^x \sin t^2 \mathrm{d}t}{x^3}=$______.

2. $\int_{-\frac{\pi}{3}}^{\frac{\pi}{3}} \sin^2 x \cdot \ln(x+\sqrt{1+x^2})\mathrm{d}x=$______.

3. 已知 $z=x\arctan\dfrac{y}{x}$,则 $z'_x(1,-1)=$____,$z'_y(1,-1)=$____.

4. 微分方程 $y'+y=\mathrm{e}^{-x}\cos x$ 满足条件 $y(0)=0$ 的解为______.

5. 函数 $f(x)=\mathrm{e}^x$ 的麦克劳林级数为______.

二、选择题(每题 3 分,共 15 分)

1. 若 $\int xf(x)\mathrm{d}x=x^2\mathrm{e}^x+C$,则 $\int\dfrac{f(\ln x)}{x}\mathrm{d}x=($　　$)$.

A. $x\ln x+C$　　B. $x\ln x-x+C$

C. $3x+x\ln x+C$　　D. $x\ln x+x+C$

2. 以下反常积分中,收敛的是(　　).

A. $\int_1^{+\infty}\dfrac{1}{x^2}\mathrm{d}x$　　B. $\int_1^{+\infty}\dfrac{1}{\sqrt{x}}\mathrm{d}x$　　C. $\int_1^{+\infty}\sqrt{x}\,\mathrm{d}x$　　D. $\int_0^1\dfrac{1}{x}\mathrm{d}x$

3. 下列不等式成立的是(　　).

A. $\int_0^{\frac{\pi}{2}}\sin x\mathrm{d}x>\int_0^{\frac{\pi}{2}}\cos x\mathrm{d}x$　　B. $\int_0^1\mathrm{e}^{x^3}\mathrm{d}x>\int_0^1\mathrm{e}^{x^2}\mathrm{d}x$

C. $\int_1^2\ln^2 x\mathrm{d}x>\int_1^2\ln^3 x\mathrm{d}x$　　D. $\int_{-1}^{-2}x^4\mathrm{d}x>\int_{-1}^{-2}x^3\mathrm{d}x$

4. 下列级数中绝对收敛的是(　　).

A. $\sum\limits_{n=1}^{\infty}(-1)^{n-1}\dfrac{1}{n}$　　B. $\sum\limits_{n=1}^{\infty}(-1)^{n-1}\dfrac{1}{2^n}$

C. $\sum\limits_{n=1}^{\infty}(-1)^{n-1}\dfrac{n+1}{2n-1}$　　D. $\sum\limits_{n=1}^{\infty}(-1)^{n-1}\dfrac{n}{\sqrt{2n^2-1}}$

5. 交换二次积分的积分次序：$\int_0^2 dy \int_{y^2}^{2y} f(x,y)\,dx =$ (　　　).

A. $\int_0^4 dx \int_{\sqrt{x}}^{\frac{x}{2}} f(x,y)\,dy$　　　　B. $\int_0^2 dx \int_{x^2}^{2x} f(x,y)\,dy$

C. $\int_0^4 dx \int_{\frac{x}{2}}^{\sqrt{x}} f(x,y)\,dy$　　　　D. $\int_0^4 dx \int_{2x}^{\sqrt{x}} f(x,y)\,dy$

三、计算题(每题 8 分,共 48 分)

1. 计算 $\int_1^{e^{\frac{1}{2}}} \frac{1}{x\sqrt{1-\ln^2 x}}dx$.

2. 已知 $z=z(x,y)$ 由方程 $xyz=e^{xz}$ 确定,求全微分 dz.

3. 已知 $z=u^2\ln v, u=\frac{y}{x}, v=x^2+y^2$,求 $\frac{\partial z}{\partial x},\frac{\partial z}{\partial y}$.

4. 计算 $\iint\limits_D x^2 y\mathrm{d}x\mathrm{d}y$，$D$ 是由 $y=\sqrt{1-x^2}\ (x>0)$，$x=0$，$y=0$ 所围的闭区域.

5. 求幂级数 $\sum\limits_{n=0}^{\infty}(-1)^{n+1}\dfrac{(x+3)^n}{n\cdot 2^n}$ 的收敛半径和收敛域.

6. 求二阶非齐次线性微分方程 $y''+y=2x^2-3$ 的通解.

四、应用题与证明题(1,2每小题8分,第3题6分,共计22分)

1. 求由曲线 $y=\sin x$,直线 $x=0$,$x=\frac{\pi}{2}$,$y=0$ 所围平面图形的面积,以及此图形绕 y 轴旋转一周所得旋转体的体积.

2. 设某工厂生产甲乙两种产品,产量(单位:千件)分别为 x 和 y,利润函数为

$$L(x,y)=6x-x^2+16y-4y^2-2\text{(单位:万元)}.$$

已知生产这两种产品时,每千件产品均需消耗某种原料 2 000 kg,现有该原料 12 000 kg,问两种产品各生产多少时,总利润最大?最大利润为多少?

3. 求证:$\int_0^1 x^m(1-x)^n\mathrm{d}x=\int_0^1(1-x)^m x^n\mathrm{d}x$.

综合测试(二)

一、填空题(每题 3 分,共计 15 分)

1. $\lim\limits_{x\to 0}\dfrac{\int_0^{x^2}\ln(1+t)\,dt}{x^4}=$__________.

2. $\int_{-\infty}^{+\infty}\dfrac{1}{1+x^2}dx=$__________.

3. 设函数 $z=x^3y^2+\dfrac{y}{x}$,则该函数在(1,1)的全微分 $dz\big|_{\substack{x=1\\y=1}}=$__________.

4. 微分方程 $y'+\dfrac{1}{x}y=\dfrac{\sin x}{x}$ 的通解为__________.

5. 写出函数 $f(x)$ 的麦克劳林级数展开式(包括收敛域):

$f(x)=\dfrac{1}{2-x}=$______________________________.

二、选择题(每题 3 分,共 15 分)

1. 若 $f(x)$ 的导函数为 $\sin x$,则 $f(x)$ 的一个原函数是(　　　　).

A. $1+\sin x$　　B. $1-\sin x$　　C. $1-\cos x$　　D. $1+\cos x$

2. 若函数 $f(x,y)$ 在点 $P(x,y)$ 处(　　　　),则 $f(x,y)$ 在该点处可微.

A. 连续

B. 偏导数存在

C. 连续且偏导数存在

D. 某邻域内存在连续的偏导数

3. 下列级数中,收敛的是(　　　　).

A. $\sum\limits_{n=1}^{\infty}(-1)^{n-1}\dfrac{1}{\sqrt{n}}$

B. $\sum\limits_{n=1}^{\infty}\dfrac{1}{2n}$

C. $\sum\limits_{n=1}^{\infty}\ln\left(1+\dfrac{1}{n}\right)$

D. $\sum\limits_{n=1}^{\infty}(-1)^{n-1}\dfrac{n+1}{2n-1}$

4. 设幂级数 $\sum\limits_{n=0}^{\infty}a_nx^n$ 在 $x=2$ 处收敛,则该级数在 $x=-1$ 处必(　　　　).

A. 发散

B. 条件收敛

C. 绝对收敛

D. 收敛性不能确定

5. 交换二次积分的积分次序:$\int_0^1 dx\int_x^1 f(x,y)\,dy$ (　　　　).

A. $\int_0^1 dy\int_y^1 f(x,y)\,dx$

B. $\int_0^1 dy\int_1^y f(x,y)\,dx$

C. $\int_0^1 dy\int_0^y f(x,y)\,dx$

D. $\int_0^1 dy\int_1^x f(x,y)\,dx$

三、计算题(每题 8 分,共 48 分)

1. 计算 $\int \frac{1+2x}{\sqrt{1-x^2}}\mathrm{d}x$.

2. 计算 $\int_0^{\pi} x\sin 2x\mathrm{d}x$.

3. 已知 $z=z(x,y)$ 由方程 $\sin z+3xyz=2$ 确定,求 $\frac{\partial z}{\partial x},\frac{\partial z}{\partial y}$.

4. 计算 $\iint\limits_D 4xy\mathrm{d}\sigma$,其中 D 是由抛物线 $y=x^2+1$ 及直线 $y=2x$,$x=0$ 所围成的闭区域.

5. 求幂级数 $\sum_{n=0}^{\infty}\frac{(-1)^n}{n+1}x^{n+1}$ 的收敛域,并求和函数.

6. 求微分方程 $y''-2y'+2y=12x^2+2$ 的通解.

四、应用题与证明题(第1、2题各8分,第3题6分,共计22分)

1. 求由曲线 $y=e^x$ 及直线 $y=0,x=0,x=1$ 所围平面图形的面积,并求以此图形绕 y 轴旋转一周所成旋转体的体积.

2. 在平面 $x-2z=1$ 上求一点 M,使它与点 $A(0,0,0)$ 和点 $B(0,1,0)$ 的距离平方和最小,求出点 M 的坐标.

3. 已知 $z=\varphi(x^2+y^2)$,φ 可微,求证:$y\frac{\partial z}{\partial x}-x\frac{\partial z}{\partial y}=0$.